Per ricordarti di noi

Gabrielle   Claudio
    Michele

ASSISI
PAX MUNDI

ASSISI
PAX MUNDI

Testi di
CARLA TOMASINI PIETRAMELLARA
ALBERTO ARRIGHINI
P. NICOLA GIANDOMENICO

Didascalie di
P. NICOLA GIANDOMENICO

Coordinatore
PIER MARCO DE SANTI

Foto di
FRANCO MARZI
CARLA MORSELLI

GIUNTI

Alcune foto di pagina 192, 193, 194, 195 sono di p. Massimiliano Mizzi
Alcune foto di pagina 48, 49, 52, 53 sono di Angelo Lunghi

Progetto grafico e impaginazione:
Franco Balletti

Videoimpaginazione:
Franco Barbini

ISBN 88-09-20270-8

© 1992 by GIUNTI GRUPPO EDITORIALE, Firenze

Nel panorama delle pubblicazioni su Assisi, questo volume sceglie di raccontare per immagini una città che vive intorno all'idea di pace e di fratellanza per tutto il mondo.

Seguendo il ritmo della straordinaria esistenza terrena di Francesco, l'itinerario visivo vuole ricostruire i segni della memoria collettiva del Santo, fissandoli entro il sereno scorrere del tempo sul Colle del Paradiso.

Assisi, città ideale della pace nel mondo, presenta al lettore il volto pulito delle sue pietre secolari, di un cielo terso e di una natura incontaminata, di una "humanitas" anelito di tutti i popoli e trova in Francesco e in Chiara i simboli universali di quanto non può essere offuscato dai travagli e dagli egoismi che tormentano il mondo.

L'Editore

Among the great variety of publications about Assisi, this volume seems different in that it contains remembrances about an ancient city that is still alive and actually pulses with life, having as its source, the continued presence of Saint Francis, his evangelical teaching about world peace and fraternity.

Reviewing the many seasons which have characterized the extraordinary earthly existence of the "Jester of Gold," the outline which I saw seems to be the representation of substantial imagery which animates the city's collective memory regarding that special moment in time on the Hill of Paradise.

The outline portrays the town' inhabitants, the Franciscan Family and the abiding hope of all people.

Assisi, the ideal city of peace, with its age old stone walls, may still present the reader with an image of clear skies and an uncontaminated environment: a moment in time when two people, Francis and Clare, are able to show a yearning humanity, universal symbols of a dignified life that must not be darkened by the suffering and egoism which torment the present world.

Publisher

IL SINDACO DI ASSISI

Ritengo che una delle caratteristiche salienti della nostra Città sia quella di un equilibrio che si realizza tra le sue varie componenti in maniera mirabile, e tale da non comportare mai momenti di instabilità.

Nel caleidoscopio cittadino si compongono e si fondono l'aspetto artistico, quello urbanistico e quello turistico.

Sembra quasi impossibile che la presenza, tra l'altro concentrata in alcuni mesi dell'anno, di oltre 4 milioni di visitatori non rechi turbamento alla vita stessa della Città, che resta, peraltro, essenzialmente contemplativa, come è dimostrato dalla presenza di numerose vocazioni.

Eppure questo senso di serenità, di una immobilità che è al tempo stesso retaggio del passato e base per il futuro, si trasmette al pellegrino come allo scettico, conquistandoli entrambi.

Assisi, appassionata custode attraverso le sue istituzioni degli eterni valori del Francescanesimo, ha la straordinaria capacità di avere risposte a tutti i problemi: Città della Pace, della Fraternità, dell'Ecumenismo, del Dialogo al di là di lingua, razza e credo, riesce a dar vita a momenti storici, precorrendo tempi e soluzioni.

Prima fra le pari come Città della Pace, simbolo universale, eco profonda ed accorata di una Voce che è canto e preghiera, faro e certezza, sicuro punto di riferimento per una umanità che le reca omaggio e testimonianza di Fede.

Vive nel suo territorio una popolazione pienamente consapevole di un retaggio che è motivo di impegno e fonte di gioia: dal più umile al più illustre dei suoi figli, naturali ed acquisiti, tutti vivono con la certezza e l'entusiasmo di essere portatori di valori che hanno eterno significato, e questo con umiltà e spontaneità.

La preghiera che sgorga da tanti Conventi come atto d'amore per il Creatore e le creature, anche se momento di intima comunione, non resta circoscritta all'interno dei chiostri, ma riesce ad espandersi all'esterno sempre più forte ed armoniosa, recitando risposte sempre diverse per ognuno degli infiniti problemi che opprimono l'essere umano.

E questo è un miracolo!

THE MAYOR OF ASSISI

I think that one of the main characteristics of our City is that of the social balance achieved by its various components. Such a fact never allowed insecurity to prevail.

In the civil kaleidoscope there settle and cast together the artistic, urbanistic and touristic aspects.

It seems almost impossible that the presence, furthermore concentrated in few months of the year of more than four millions of visitors, doesn't bring unbearable disturbance to the same life of the City, that remains albeit this, essentialy mystic. What is demonstrated by the flourishing of numerous religious vocations.

The sense of serenity and stillness which is at the same time a heritage of past times and a base for the future, is transmitted to the pilgrim as well as to the skeptic, conquering both of them.

Assisi with its enthusiastic care and fostering of the eternal values of Franciscanism through its public and private institutions, has the extraordinary ability to answer to all problems: City of peace, Fraternity, Ecumenism, Dialogue beyond any language, race and belief. Assisi is able to bring to life new historical moments, anticipating times and solutions.

First among similar as a City of peace, Assisi is a universal symbol, deep and mournful echo of a Voice that is song and prayer, lighthouse and certainty, strong point of reference to a humanity that offers her homage and witness of faith.

In the territory there lives a population completely conscious of the heritage which is a motive of commitment as well as a source of joy: from the humblest to the most illustrious of her inhabitants, whether natural or adopted, they all live in the certainty and enthusiasm of being bearers of values that have eternal meaning, and this they do with humility and sincere spontaneity.

The prayer that raises high from so many shrines, convents and monasteries as an act of love to the Creator and all creatures, even if mainly an expression of intimate comunion, doesn't remain ensnared in the cloisters, but is able to overflow on the outside world always stronger and harmonious, to propose differentiated answers to the countless problems that weigh upon the human being.

And this is a miracle!

LA CITTÀ POSTA SUL MONTE

p. Nicola Giandomenico

A MEZZA COSTA sul Monte Subasio, disposta a terrazza sull'incantevole Valle Umbra, Assisi conserva una suggestività unica al mondo. Con una struttura medioevale intatta nei vicoli, nelle piazze, nei monumenti.

Da lontano appare come una macchia rosata che spicca nel mare di verde che la circonda. A dare questa tonalità inimitabile è il caratteristico colore della pietra del Subasio con cui è tutta costruita.

Anche la gente ha conservato molte caratteristiche che sfuggono all'attuale era tecnologica e ai ritmi vertiginosi della vita consumistica.

Piccola quanto ad abitanti, misteriosa quanto a valori Assisi è per tutti terra di luce, oasi di pace, fascino di fede.

L'origine di Assisi si perde nella storia dei tempi: la leggenda la vuole edificata da Asio, fratello della regina di Troia. La maggior parte degli studiosi pensano che il nome derivi da "acu", che vuol dire "levante", per essere la città ad oriente di Perugia.

Fu abitata dagli Umbri e poi dai Romani, che le conferirono ben presto notevoli privilegi.

Molte sono le testimonianze di Roma. Fra tutte emerge il Tempio della Minerva, sull'attuale piazza del Comune, ed il Foro, risalenti ai primi tempi dell'Impero.

Dopo la caduta dell'Impero romano, Assisi subì assedi e distruzioni da parte di nuovi conquistatori. E fu soltanto tra il Mille e il 1300 che la città assunse il volto che ha tutt'ora. Sopra la città romana sorse quella medioevale che ne rispecchiò la topografia: apparvero le mura di cinta, sorsero le porte di ingresso, furono costruiti chiese e palazzi pubblici.

Nel 1140 fu edificata la Cattedrale, dedicata a San Rufino primo vescovo di Assisi e patrono della città. Estremamente suggestiva è la facciata romanica, adorna di tre rosoni e di sculture simboliche. Il poderoso campanile poggia su una cisterna romana.

Altra costruzione della stessa epoca è l'abbazia di San Pietro. In perfetto stile romanico umbro conserva intatta la sua semplicità e la linearità architettonica.

È durante questo periodo che nasce in Assisi, nel 1182, Francesco, figlio di Pietro Bernardone, ricco mercante di stoffe, e di Madonna Pica.

La tradizione indica dietro l'attuale palazzo comunale, i luoghi della sua nascita e giovinezza. "San Francesco piccolino" è l'oratorio che ricorda il luogo di nascita. Mentre il "Santuario della Chiesa Nuova" è una costruzione rinascimentale barocca eretta in parte sui luoghi della casa di Pietro Bernardone.

Da giovane Francesco conduce una vita gaia e spensierata, diventando subito il "re delle feste" di Assisi. Ma ben presto incomincia a percepire che Dio ha un disegno diverso per lui.

Non è facile per Francesco arrendersi alla grazia di Dio.

Le sofferenze della prigionia di Perugia non l'aprono subito ad impegni concreti di vita. L'invito a preferire il padrone al servo, mentre febbricitante a Spoleto sogna gloria al seguito di Gualtieri di Brienne, lo scuote ma non lo cambia. Anche il comando ricevuto dal Crocifisso a San Damiano non lo comprende a pieno.

La decisione di "uscire da secolo" matura dopo l'esperienza dell'abbraccio del lebbroso, per cui si sente ricolmato di "dolcezza nell'animo e nel corpo". E diventa definitiva solo coll'ascolto della Parola di Dio, racchiusa nel Vangelo.

Un cammino lungo di ricerca e di attesa, che porta Francesco a realizzare un'esperienza, umana e spirituale, unica al mondo con delle scelte coerenti e radicali.

Nessuno potrà mai rivivere il suo carisma personale: esso appartiene solo a Lui e la storia non conosce doppioni. D'altronde Francesco non si è mai voluto proporre come "modello", ma ha sempre invitato a vivere la fede che scaturisce dal Vangelo, ad aprirsi al mistero di Dio e dell'uomo, ad essere sensibili alla continua presenza di Dio in mezzo a noi.

Alla sua morte, avvenuta nel 1226, a soli 44 anni i seguaci sono varie migliaia sparsi in tutto il mondo.

Due anni dopo, inizia la costruzione della Basilica. Il Papa Gregorio IX canonizza Francesco il 16 luglio e il giorno dopo posa la prima pietra per l'erigendo edificio. L'architetto, Frate Elia, pensa ad una Chiesa a due piani sovrapposti, che serva a conservare le spoglie di San Francesco e ad essere per tutto il mondo un porto sicuro di fede, un luogo adatto alla preghiera, un'occasione di ricerca e di confronto.

Viene scelta un'area, chiamata "Collis inferorum o infernorum", dove normalmente vengono giustiziati i condannati a morte. Ma ben presto il luogo collinare viene soprannominato "Colle del Paradiso", per la presenza del corpo di San Francesco.

Il lavoro di costruzione procede con estrema celerità, tanto che nel 1230 la chiesa inferiore è già pronta. È a una sola navata, divisa da archi a pieno centro in quattro campate con volte a crociera, fortemente costolonate che poggiano su corti pilastri semicircolari senza base. I bracci del transetto, invece, hanno volte a botte.

Sotto l'altare maggiore, squisita opera di maestro cosmatesco, viene sepolto nel 1230 il corpo del Santo. È in un umile sarcofago incassato nella roccia e rivestito da un poderoso pilastro in muratura. Per la prima volta la tomba viene riaperta nel 1818 e risale a quell'epoca la sistemazione della cripta, così che attualmente la basilica risulta a tre piani.

Nel 1239, c'è il compimento delle strutture murali essenziali del campanile e della basilica superiore.

Il campanile, meraviglioso in stile romanico-lombardo, alto 60 metri, rassomiglia a una torre quadrata suddivisa da cornici e adorna di paraste, con bifora e trifora al primo e secondo piano, e una serie di bifore e trifore al terzo piano. Sotto il culmine tre arcate a pieno centro.

Qui è la cella che accolse nel 1239 le campane fatte fondere da Frate Elia: quella più grande ebbe il nome di "italiana".

I lavori della chiesa superiore proseguirono a rilento e fu consacrata personalmente da Papa Innocenzo IV nel 1253.

La facciata è romanica per impostazione, gotica nel bel portale gemino e nel rosone che domina con la sua estrema eleganza la fascia centrale: è a quattro giri concentrici alternati di cerchi che si rincorrono e di colonnine tortili che reggono archetti trilobi. Intorno sono i simboli dei quattro evangelisti.

L'interno, a una sola navata, sorge alto, luminoso e leggero; sottili, elegantissimi fasci di colonne addossati ai muri, si dipartono in alto a formare archi acuti a volte costolonate. La luce, oltre che dal rosone, entra attraverso le ampie bifore ornate di stupende vetrate.

Giustamente la chiesa superiore è stata definita dal Venturi "la più bella casa della preghiera" e da Schlosser "il tipo esemplare del gotico italiano".

Alla decorazione pittorica del complesso basilicale vengono chiamati i più grandi artisti dell'epoca: per primo giunge Giunta Pisano, poi Cimabue, i maestri romani (con Cavallini e Torriti), poi Giotto, Simone Martini, Pietro Lorenzetti con schiere di seguaci. In seguito vengono altri artisti come Puccio Capanna, Andrea da Bologna... ma la loro fama è oscurata dai grandi che li hanno preceduti, anche se le loro opere sono autentici capolavori.

Varcando la soglia di questo luogo privilegiato, meta luminosa per gli uomini pervasi dalla struggente "tristezza di non essere santi", risuonano le parole di San Francesco ai suoi Frati: "... e chiunque verrà da voi, amico o nemico, sia accolto come fratello".

È nella basilica inferiore la più antica decorazione pittorica. La critica oggi la assegna ad un pittore ignoto chiamato "Maestro di San Francesco": un allievo forse di Giunta Pisano. Sulle pareti della navata è un ciclo di affreschi che rappresentano, l'una di fronte all'altra, la vita di Cristo e la vita di San Francesco. Di molte scene restano solo dei frammenti, perché esse furono distrutte in gran parte quando vennero aperte, sulle pareti della navata, le arcate di accesso alle cappelle laterali.

Notevole suggestione desta ancora il gruppo delle pie donne e la deposizione dalla croce.

Sul lato opposto, la "predica agli uccelli" mostra tutta la delicatezza e la semplicità dell'autore. Questo e gli altri affreschi raffiguranti la vita di San Francesco furono certamente di ispirazione a Giotto.

A Cimabue, giunto in Assisi verso il 1280, si deve nel transetto della basilica inferiore uno stupendo capolavoro: la Madonna, dolce e malinconica, seduta su un trono regale, affiancata da quattro angeli. A destra è il famoso ritratto del poverello, corrispondente alla descrizione lasciataci dal suo primo biografo, Tommaso da Celano:

"... Di statura piuttosto piccola, testa regolare e rotonda, volto un po' ovale e proteso, fronte piana e piccola, occhi neri, di misura normale e tutto semplicità, capelli pure scuri, sopracciglia diritte, naso giusto, sottile e diritto, orecchie diritte ma piccole, tempie piane, lingua mite, bruciante e penetrante, voce robusta, dolce e sonora, denti uniti, uguali e bianchi, labbra piccole e sottili, barba nera e rara, spalle dritte, mani scarne, dita lunghe, unghie sporgenti, gambe snelle, piedi piccoli, pelle delicata, magro, veste ruvida, sonno brevissimo, mano generosissima. Nella sua incomparabile umiltà si mostrava buono e comprensivo con tutti, adattandosi in modo opportuno e saggio ai costumi di ognuno. Veramente più santo tra i santi, e tra i peccatori come uno di loro".

A Cimabue si deve anche la decorazione dell'abside e del transetto della basilica superiore, i cui valori cromatici sono andati completamente perduti, ma che tuttavia rimane il monumento più grandioso della sua arte. Nel ciclo, riguardante episodi degli Atti degli Apostoli, dell'Apocalisse e scene della vita della Madonna, emerge per la straordinaria potenza drammatica la grande scena della Crocifissione: in alto, gli angeli piangenti attorno al Crocifisso; in basso, due gruppi di persone esprimenti sentimenti contrapposti, alcuni a favore altri contro il Cristo: ai piedi della croce la figura di Francesco.

Con Cimabue, venne in Assisi il suo discepolo Giotto.

La prima volta verso il 1285, affrescando alcune scene del Vecchio e Nuovo Testamento sulle volte della prima campata. La seconda volta, dieci anni dopo, con il compito di eseguire il ciclo più impegnativo della basilica, illustrante la vita del Santo.

Giotto, prendendo lo spunto dalla "Leggenda Maggiore" di San Bonaventura e con l'aiuto di molti collaboratori, affresca in 28 quadri le "Storie di San Francesco". Tralascia gli schemi tradizionali dell'arte bizantino-romanica e ne adotta altri, più dolci e più umani, più veri e violenti.

Il Cennini si esprime così: "rimutò l'arte del dipingere di greco in latino e ridusse al moderno; et ebbe l'arte più compiuta che avesse mai nessuno".

– Francesco dona il suo mantello ad un cavaliere povero. Con un paesaggio semplice, l'affresco si arricchisce della profondità degli sguardi e dei lineamenti perfetti delle due figure.

È l'atteggiamento di apertura e di donazione di Francesco: "è dando che si riceve!"; è diventando poveri che ci si arricchisce!

– L'ascolto del Crocifisso nella chiesa diroccata di San Damiano. Francesco, superando le chiusure del suo tempo, prende coscienza piena della sua missione. L'immagine del Crocifisso diventa per lui specchio inquietante in cui si riflettono i volti di tutti gli uomini crocifissi (lebbrosi, poveri, carcerati). Nel Testamento, lascia scritto: "E nessuno mi diceva che cosa io dovessi fare; ma l'altissimo mi rivelò come io dovessi vivere a norma del Vangelo". Non sono, dunque, i genitori o gli amici a indicare a lui la via della propria realizzazione umana; ma è il Cristo stesso a sottrarre il giovane "convertito" alle facili lusinghe del successo, del potere e della ricchezza.

– Dinanzi ai genitori, nella pubblica piazza di Assisi, Francesco rinuncia a tutto restituendo a suo padre anche i vestiti.

Un quadro altamente drammatico: un fremito di sdegno scorre lungo tutto il corpo del padre e l'odio traspare dal volto suo e da quello degli amici; mentre nell'altro gruppo c'è calma e serenità. Tra i due gruppi, un grande vuoto, un abisso di incomprensione.

– Appena si rende conto dell'urgente bisogno di restauro della compagine ecclesiale, sociale e politica, invece di lanciare invettive il giovane Francesco si mette all'opera prestandovi generosamente le sue spalle. E mentre il Papa Innocenzo III sogna "ad occhi aperti" un aiuto dal cielo nel risollevare la Chiesa, Francesco si presenta a lui con i primi frati rivelandogli i propri obiettivi di vita evangelica.

– E Papa Innocenzo III approva oralmente la regola francescana. Qui, oltre che la bellezza dei volti del gruppo della corte papale, c'è da sottolineare l'estrema accentuazione dell'interesse prospettico nel complesso motivo architettonico; mentre i personaggi ritrovano la dimensione nello spazio reale.

– Presso Rivotorto, San Francesco appare ai frati su un carro di fuoco. Sul volto dei Frati si possono seguire, una per una, le fasi dell'improvviso risveglio: qualcuno dorme ancora un sonno pesante (guance gonfie, occhi cuciti, labbra grosse), uno alza la testa, altri due gesticolano e commentano.

– San Francesco caccia i demoni da Arezzo. La città medioevale assume un aspetto fantastico; il gesto di Frate Silvestro che benedice appare severo e grandioso; ma il centro dell'azione è nella figura del santo.

Quando nasce Francesco, l'Italia è dilaniata da lotte fratricide. I "Minores" non tollerano la sopraffazione dei "Maiores"; i Comuni lottano tra di loro; autorità civili ed ecclesiastiche si contendono il potere.

Su questo terreno inquieto matura la vocazione pacificatrice di Francesco. Conoscendo per esperienza personale le sofferenze della guerra, non si stanca di dirigersi verso Perugia, Arezzo, Siena proclamando il suo "Laudato sii, mi Signore, per quelli che perdonano per lo tuo amore". Ed insieme ai suoi compagni esorcizza l'Italia cacciando lo spirito del male per far posto allo spirito buono della fraternità e della pace.

– Per Francesco tutti gli uomini sono fratelli: ricchi e poveri, santi e peccatori, briganti e onesti... e anche non cristiani, come il Sultano d'Egitto Melek El Kamel. E mentre la cristianità medioevale si arma in crociate contro i musulmani, egli educa ed arma i suoi frati di spirito missionario, inviandoli ad evangelizzare il mondo dei "saraceni e degli altri infedeli".

Così Francesco appare il profeta ecumenico della Chiesa, insegnando non a conquistare, ma a comunicare nella libertà l'amore salvifico di Cristo.

– Quel Cristo che si è fatto uomo per noi e che è nato in una grotta a Betlemme.

Giotto, presentando la scena del presepio a Greccio unisce in mirabile sintesi i due interessi principali della sua novità artistica, quello per la figura umana e quello architettonico-prospettico.

Da una parte, il quieto e solenne canto dei frati dai volti inteneriti e dagli atteggiamenti dimessi; dall'altra la prospettiva del pulpito e del ciborio, e quella, veramente straordinaria, della croce rovesciata.

– Nel miracolo dell'assetato, emerge il paesaggio roccioso e l'avidità dell'assetato che sembra far tutt'uno con l'aridità del paesaggio.

Nella predica agli uccelli, Giotto ritorna maestro insuperabile. Tutto intorno è una pace serena e raccolta che fa da contrappunto ai sentimenti amorosi di Francesco; due soli grandi alberi sufficienti ad esprimere la solitudine campestre, rafforzata dallo sfondo azzurro del cielo.

Seguendo attentamente San Bonaventura, nella vivace sequenza delle pagine dipinte, Giotto presenta un ritratto integrale del Santo attento a Dio, attento agli uomini, ma anche attento a tutto il creato.

L'esistenza francescana è uno spazio immenso dove trovano posto armoniosamente Dio, l'uomo e il mondo della natura.

Ad Assisi perfino il sole, la luna, le stelle, il fuoco, l'acqua e il vento si sentono di casa, perché Francesco osa chiamarli "fratelli" e "sorelle".

– La scena della morte improvvisa del Cavaliere di Celano costituisce uno degli esempi migliori della drammaturgia giottesca. Il gruppo delle donne rappresenta tutta l'angoscia e la disperazione per la morte.

Notevoli i dettagli della tavola imbandita e deserta.

– Di fronte al Papa Onorio III e alla Curia Romana Francesco improvvisa una sua predica.

L'atteggiamento assorto e pensieroso di Onorio III, tutto intento ad ascoltare la predicazione, esprime l'ampio favore accordato a Francesco e ai suoi seguaci. Scrivendo ad alcuni vescovi, che avanzano riserve nei confronti dell'Ordine Francescano, li elogia definendoli "uomini cattolici e devoti". Ed è lo stesso Papa a confermare per iscritto la Regola dell'Ordine Francescano nel 1223.

– È Cristo stesso ad accordare a Francesco sul monte della Verna il "sigillo" del suo amore, con l'impressione delle stigmate, così da farlo apparire "alter Christus".

– Morendo a Santa Maria degli Angeli, Francesco lascia ai suoi Frati questa consegna: "Frati miei, io ho fatto la mia parte: Cristo vi insegni quella che spetta a voi".

L'immagine giottesca di San Francesco si ingentilisce in quella di Simone Martini. Nel braccio destro del transetto della Chiesa inferiore si trova l'affresco di un Francesco fine nelle linee e nel colorito, mesto negli occhi, delicato nel viso.

L'affresco fa parte di un grande ciclo decorativo che il senese Martini dipinge intorno al 1300 in una delle cappelle aperte lungo la navata centrale della basilica inferiore.

Sono le scene della vita di San Martino: il dono del mantello ad un povero, Gesù che appare a San Martino, l'investitura cavalleresca, la morte e le esequie del santo.

L'investitura cavalleresca di San Martino offre lo spunto per trattare un tema particolarmente congeniale al pittore: quello della rappresentazione della vita e dei costumi del tempo, del mondo nobile e cortigiano (particolare stupendo: il gruppo famosissimo dei musici e dei cantori).

La cappella si arricchisce di bellissime vetrate, con cartoni di disegno dello stesso Simone Martini.

La scuola senese è presente in Assisi anche con Pietro Lorenzetti, aiutato dal fratello Ambrogio. Insieme dal 1310 in poi affrescano il braccio sinistro del transetto della Chiesa inferiore con scene della passione.

Anche se largamente danneggiata, la grandiosa scena della Crocifissione è viva e palpitante, costituendo una massa composta di singoli personaggi bellissimi, ciascuno perfettamente compiuto e individuato, ciascuno vero e proprio protagonista della scena: a partire dagli angeli... per finire ai cavalli. L'altissima croce centrale si staglia netta contro il cielo di un blu profondo.

Attorno a questo affresco centrale, si snodano le altre scene della passione: L'ultima cena... l'entrata in Gerusalemme... l'andata al Calvario... la deposizione dalla Croce.

Si diversificano solo due affreschi, che sono in riferimento a Francesco: eccolo sul Monte della Verna mentre riceve le stimmate... E il bellissimo capolavoro della Madonna col Bambino, con ai lati San Francesco e San Giovanni Evangelista. È comunemente chiamata la Madonna dei tramonti. Una scena suggestiva che sembra "la somma della grazia senese e della robustezza psicologica fiorentina". La Vergine e il Bambino sono in colloquio: il Bambino chiede alla Mamma chi lo avesse amato di più, e la Vergine indica San Francesco, l'alter Christus.

Lo sfondo d'oro dà il massimo risalto a tutta la scena.

Sopra l'altare maggiore si trovano le "quattro vele" della volta, affrescate da Giotto, secondo la tradizione del Vasari, o da un ignoto chiamato convenzionalmente "Maestro delle vele".

Sono l'esaltazione della gloria di Francesco, attraverso i tre voti da lui praticati: povertà, castità, obbedienza.

La decorazione della volta del braccio destro del transetto rappresenta scene della natività. Sono da attribuirsi alla scuola di Giotto.

Mentre la mano di Giotto, nella basilica inferiore, la ritroviamo ancora nella cappella dedicata alla Maddalena. È un Giotto maturo, venuto in Assisi dopo aver affrescato a Padova nella Cappella degli Scrovegni. Nel "Noli me tangere", oltre alla grande possanza delle persone, c'è la perfezione del paesaggio. Nella risurrezione di Lazzaro, i particolari sono studiati a perfezione.

Sulla tomba di San Francesco abbiamo, quindi, un boom dell'arte. Il patrimonio pittorico si arricchisce ancora della presenza del Maestro di S. Nicola, di Andrea da Bologna nella cappella di Santa Caterina, di Puccio Capanna e, nel cinquecento e seicento, di Dono Doni – Cesare Sermei – Martelli, che affrescano nelle altre cappelle e sulle restanti libere pareti.

Sempre nel duecento, maestranze comacine e cosmatesche lasciano nella Basilica testimonianze varie della grande arte dei tagliatori di pietra, nei capitelli, negli altari, nei monumenti funebri...

Le due basiliche raggiungono il culmine della loro suggestività con l'apporto dell'illuminazione che filtra dalle vetrate, realizzate da diverse mani: tedesche, francesi e italiane... Nell'insieme costituiscono la "summa vitraria" del duecento e trecento. La collezione può vantare tre primati di bellezza e importanza storica: è la più antica in Italia; porta i cartoni dei sommi artisti dell'epoca (compresi anche Giotto, Cimabue, Martini...); è la più completa nella varietà di gusti e di tecniche usate.

Per chi accede in Assisi, la prima vista del complesso basilicale si apre nella piazza inferiore circondata da portici costruiti attorno al 1467. Un ingresso che invita a lasciare tutto e a concentrarsi nell'incontro con Francesco.

Del 1487 è l'aspetto attuale del protiro, con l'iscrizione che ricorda l'anno e il Ministro Generale Francesco Sansone che ne volle la costruzione. Il portale è invece trecentesco e ripete, in forme di gotico maturo, lo schema del portale della Chiesa superiore.

Del 1530 è inoltre la loggetta delle Benedizioni sulla facciata delle due basiliche.

Attorno alla "Chiesa-mausoleo", che accoglie e onora il corpo del Santo, c'è il convento dei Frati.

Gregorio IX, a nome della Santa Sede, si assunse patrocinio e proprietà sia della Chiesa che del Convento.

Per cui il primitivo convento, costruito parallelamente alla chiesa stessa, se aveva la funzione effettiva di ospitare la comunità dei Frati, cui era affidata la basilica, recava però il titolo ufficiale di Palazzo papale! E diversi papi fin dal 1254, con Innocenzo IV, vi hanno soggiornato.

I primi ambienti del convento conservano ancor oggi tutta la loro semplicità ed umiltà. In stile romanico, con le stesse pietre della basilica, rifulge profondo l'amore alla povertà.

Dal 1363, il luogo viene chiamato "Sacro Convento": cioè non un convento qualsiasi, ma il convento dei conventi, il convento della chiesa definita dai sommi pontefici "capo e madre" di tutto l'Ordine Francescano.

La struttura attuale si completa nel corso di due secoli, attraverso opere di consolidamento e di ammodernamento, e raggiunge il suo definitivo assetto negli anni 1472-1487 con le opere volute da papa Sisto IV.

Il grandioso complesso assume, per il forte pendio del luogo, il carattere di un fortilizio, quasi a difesa della chiesa stessa e del Corpo del Santo.

È la culla del francescanesimo. I Frati Minori Conventuali, che in esso risiedono, si sentono impegnati ad una maggiore fedeltà possibile all'ideale evangelico richiesto da San Francesco ai suoi Frati; e si propongono di dare concreta testimonianza di fraternità coltivando un'intensa vita di preghiera.

Alcuni locali interni hanno proprio questa funzione di raccoglimento e di preghiera:
– il chiostro di Sisto IV, da cui si scorge una spettacolare visione delle due absidi sovrapposte aperte in alto da tre bifore e serrate fra due piloni semicilindrici;
– il portico trecentesco, da cui si può ammirare il panorama della vallata umbra.

Questi ed altri pregi di tutto il complesso basilicale lo rendono famoso in tutto il mondo: per la mirabile sintesi tra architettura, pittura, scultura, arte vetraria.

L'immensa ricchezza di opere racchiuse nella basilica e nel Sacro Convento apre un fascio di luce sulle altre bellezze disseminate in Assisi.

La basilica di Santa Chiara, in stile gotico, edificata su disegno di Filippo da Campello (1257-1265), sul modello della basilica superiore di San Francesco. Notevoli, all'esterno, il rosone e il portale.

L'interno è a croce latina e a una sola navata.

La volta del presbiterio, il transetto e la cappella di San Giorgio sono decorati da artisti umbri locali influenzati da Cimabue e Giotto.

Nella cappella di San Giorgio, Gregorio IX proclama Francesco Santo e dal 1226 al 1230 vi riposano le sue spoglie mortali.

Nella stessa cappella è il Crocifisso che parlò a Francesco nella chiesetta di San

Damiano: è una tipica croce umbra del XII secolo su tavola sagomata a T. Attorno ad essa si sviluppa tutto il cammino spirituale di San Francesco e di Santa Chiara.

Il corpo della Santa riposa nella cripta. Chiara, l'umile pianticella di Francesco, continua nel silenzio la sua preziosa presenza, per Assisi – per il movimento francescano – per la Chiesa.

Nei dintorni di Assisi si trova il santuario di San Damiano, costituito dalla rustica chiesa del X secolo che il giovane Francesco restaurò dopo aver udito la voce del Crocifisso.

Nella parte interna sta l'antico monastero delle Clarisse, dove Santa Chiara visse per 42 anni e l'11 agosto 1253 passò da questa vita al cielo.

Qui attorno Francesco, nel 1225, segnato dalle stimmate e confortato dalla promessa della vita eterna, compone in forma unitaria il Cantico delle Creature. È la sintesi mirabile del suo triplice amore: a Dio, all'uomo, al creato.

Nascosto in una fitta selva di lecci, sul monte Subasio è l'eremo delle Carceri: un luogo di pace e di silenzio.

Da queste parti si ritiravano a pregare sia Francesco che i suoi primi compagni. Vi sono varie grotte atte alla preghiera.

Intorno al primo nucleo primitivo, si è sviluppata fin dal secolo XIV la costruzione del piccolo Convento.

Scendendo giù a valle, si incontra il santuario di Rivotorto, che racchiude il tugurio di San Francesco: il luogo della prima esperienza comunitaria.

Nelle vicinanze c'è la cappella della Maddalena, con l'ospedale di San Lazzaro dell'Arce, dove Francesco giovane veniva a stare con i malati di lebbra.

Sempre nella piana di Assisi, si trova la Porziuncola: il luogo tanto amato da Francesco e in cui Dio misericordioso gli concesse molte grazie. L'imponente basilica viene costruita solo nel 1569 ed è sormontata dalla bella cupola dell'Alessi.

Nell'interno, sono racchiuse: – la mistica chiesetta della Porziuncola, con i resti del primitivo convento francescano; – la cappella del Transito, dove Francesco morì la sera del 3 ottobre 1226, affrescata dallo Spagna; – il roseto, con la cappella, edificata sul luogo dove era la cella di Francesco. Con affreschi di Tiberio di Assisi.

Nella cappella della Porziuncola, in una visione del 1216 Francesco ottiene da Cristo, per intercessione della Madonna, l'indulgenza del Perdono di Assisi, approvato dal Papa Onorio III. Attorno alla cappella si sono scritte molte pagine di vita francescana: a iniziare dalla venuta di Santa Chiara e dal primo capitolo delle stuoie del 1221, in cui si raccolsero ben 5000 frati!

Per questo Francesco raccomanda ai suoi Frati di non abbandonare mai questo luogo benedetto.

Ritornando al centro di Assisi, si possono ammirare numerosi edifici pubblici: la torre del popolo e il palazzetto del Capitano del popolo accanto al tempio della Minerva.

Un po' più in alto c'è la Rocca, espressione dei liberi comuni e dell'estremo punto di difesa della città.

Questa è l'Assisi che affascina i pellegrini provenienti da ogni parte del mondo. Perché al di là degli aspetti esterni ha saputo conservare un ricco patrimonio di spiritualità.

Passando attraverso la città:
– gli angoli panoramici
– le scalinate incassate fra i muri con suggestivi scorci monumentali
– le stradine su cui si affacciano antiche case
– i gerani che ingentiliscono gli esterni delle abitazioni...
– le botteghe artigiane con lavori in ferro, in ricamo, in ceramica
tutto riporta a Francesco ed invita a coglierne il messaggio.

Chi sale su questo "santo monte", si accorge che San Francesco è ancora vivo e che
– la preghiera
– la ricerca di Dio
– la cultura dell'amore
– la scelta della povertà
– il dono del lavoro
– la civiltà della pace
– l'apertura ecumenica
– la fraternità universale
– l'amore per la natura
sono valori a portata di tutti. E la spiritualità francescana, in questi ed in altri aspetti, appare ancora oggi ricca di profonda attualità.

San Francesco è un dono di Dio alla Chiesa e al mondo.

CITY ON A HILLTOP

P. Nicola Giandomenico

Assisi nestles on the lower slopes of Mount Subasio overlooking the charming Umbrian Valley. It has about it a unique magic to be found nowhere else. The medieval structure of its small, winding streets, its squares and monuments are still perfectly intact.

From a distance it appears like a pink spot set amid the sea of green which surrounds it. It is the local stone, hewn from Subasio itself, with which the whole town is built that gives it its characteristic colour.

Even the people seem to have conserved many of the characteristics of a bygone age which are no longer perceptible in our present day technological-consumer society.

A town of few inhabitants, imbued somehow with a mysterious life-giving quality, Assisi is for all, a place of light, and oasis of peace steeped in faith.

The origins of Assisi are lost in the mists of time: ancient legend says that it was built by Asio, brother of the queen of Troy. Most scholars believe that the name is derived from "acu" meaning "rising", given its situation to the east of Perugia.

It was inhabited first by the Umbrians and then by the Romans who very quickly bestowed notable privileges on the town.

Many of the remains bear witness to Rome. Most spectacular of all is the Temple of Minerva in the main square, and there is also the Roman Forum, dating back to the first years of the Empire.

After the fall of the Roman Empire Assisi was occupied and destroyed by a series of conquering powers. It was only in the years between 1000 and 1300 A.D. that Assisi as we know it today emerged and became recognizable. Respecting the general structure of the Roman town on which it was built, medieval Assisi grew up; there were the encircling city walls with their entrance gates and then in the course of time, the many public buildings and churches were completed.

The Cathedral, dedicated to St. Rufinus, first bishop and patron of Assisi, was built in 1140. The romanesque façade, adorned with three rose windows and several symbolic sculptures is extremely impressive. The enormous bell tower is built over a Roman cistern.

St. Peter's Abbey dates from the same period and is built in the Umbrian romanesque style. The simplicity of its architectural style has been perfectly conserved.

It was in fact during this period, in 1182, that Francis, the son of Peter Bernardone, a rich cloth merchant, and of his wife, the Lady Pica, was born.

Tradition situates the house in which he was born and grew up as being just behind the present City Hall in the Main Square. The little oratory of "San Francesco Piccolino" is where Francis was actually born whereas, the "Chiesa Nuova" or new church, built in Renaissance Barroque style is perhaps built on property which belonged to Peter Bernardone.

From his childhood Francis led a happy and carefree life earning himself the title of "king of the feasts". Early on however, he began to perceive that God had a different plan for him. It was not easy for Francis to give himself over to the inspiration of God's grace. The hardships which he experienced while a prisoner in Perugia did not open him immediately to the particular demands that God's call would make in his life. Even though he would shake off the impulse to follow Walter of Brenne into battle, he did not completely shake off the dream of glory he had while in a fevered state at Spoleto: the image of master rather than that of servant was still uppermost in his consciousness. But at the time, neither was he to understand fully the command from the Crucifix at San Damiano.

The decision "to leave the world" only matured after he embraced the leper when he himself tells us that he was filled with a "sweetness in soul and in body". It only became definitive after he heard the word of God in the Gospel.

This life-giving word of God was to propel Francis on to a path of seeking and waiting, a unique path of human and spiritual growth characterized by many coherent and radical choices.

Francis' charism was utterly unique to himself: he never wished to be set up as a model to be slavishly copied, he simply invited those who followed him to live the life that flowed from the Gospel, to be open to the mystery of God and of man, sensitive to the continuous presence of God amongst us.

At the time of his death in 1226, at only forty-four years of age, his followers, numbered in the thousands were to be found scattered throughout the world.

Two years after his death work on the Basilica began. Pope Gregory IX cannonized Francis on July 16, 1228 and on the following day laid the foundation stone of the church. Brother Elias, the architect, had a two level structure in mind: a sepulchre for the remains of Francis over which a church, a place of prayer, of seeking and of challenge, would rise.

The chosen site was known locally as the "hill of hell" since it was the place of public execution. But very soon, because of the presence of the body of St. Francis, it came to be known as the "hill of paradise."

The construction proceeded with great speed, so much so that the lower church was already completed in 1230. The original structure comprised a single nave divided by cruciform vaulted arches.

The body of Francis, enclosed in a simple stone sarcophagus set into the rock, was buried under the high altar in 1230. The tomb was opened for the first time in 1818 and it is from this time that the present crypt area as we now know it dates and with it, the tripartite structure of the basilica.

The basic structure of the bell tower and of the upper church was completed in 1239.

The bell tower, magnificent in its romanesque-lombard style, sixty meters high, is a square shaft divided by several levels of cornices and adornments of double and triple mullioned windows. The tower culminates in a surrounding arcade of triple arches. It was here in 1239, where Brother Elias placed the initial bell, still the largest, which was given the name "Italiana".

The work on the upper church continued slowly and it was consecrated by Pope Innocent IV in 1253.

Although the design of the façade is romanesque in intention, the twin portals and the rose window which dominate, are gothic in style. Looking down the nave, one sees this gothic style best exemplified in the uniformed arrangement of slender spiraling columns which support the vaulting. Above the altar, images of the four Evangelists unite the pinnacle. The singular nave is light and airy, well-illuminated from the magnificent stained glass in the mullioned windows. It has been stated definitively by Venturi, that "this is the most beautiful house of prayer." Schlosser also states, "that the basilica of Saint Francis is the model example of Italian gothic."

The greatest artists of the age lent their skills to the artistic embellishment of the basilica: there was Giunta Pisano, Cimabue, the Roman school (among whom were Cavallini and Torriti), there was Giotto, Simone Martini and Pietro Lorenzetti with their hosts of followers. These were followed by other artists such as Puccio Capanna, Andrea da Bologna, but their fame was obscured by the great masters who had gone before them even if their works are indeed true works of art.

The words of St. Francis to his friars would resound down the centuries to whomever would cross the threshold of this sacred and luminous place:

"... whoever might come to you, friend or foe, let them be received as brothers."

The oldest art work is to be found in the lower basilica. The artist is unknown, he is simply referred to as the "Master of St. Francis": he was perhaps a pupil of Giunta Pisano. There is a series of frescoes to be found on the walls of the central nave depicting, on one side, scenes from the passion, death and resurrection of Christ and on the other, in mirror image, scenes from the life of Francis. Unfortunately, many of these frescoes have been very badly damaged since the walls were knowcked through when the lateral chapels were added.

The parallelism of the Master's work can still be detected as can the utmost simplicity and delicacy of his style. These and other frescoes depicting the life of Francis were certainly inspired by Giotto.

It is to Cimabue, who came to Assisi around 1280, that we owe the masterpiece to be found in the right transcept of the lower church: the Virgin is depicted as both serene and sorrowful, seated on a throne flanked by four angels. To her left is the famous depiction of the Poverello which corresponds to the description given of Francis by his first biographer, Thomas of Celano:

"... He was of medium height, closer to shortness; his head was moderate in size and round, his face a bit long and prominent, his forehead smooth and low; his eyes were of moderate size, black and sound; his hair was black, his eyebrows straight, his nose symmetrical, thin and straight; his ears were upright but small; his temples smooth. His speech was peaceable, fiery and sharp; his voice was strong, sweet, clear and sonorous. His teeth were set close together, even and white; his lips were small and thin; his beard black, but not bushy. His neck was slender, his shoulders straight, his arms short, his hands slender, his fingers long, his nails extended; his legs were thin, his feet small. His skin was delicate, his flesh very spare. He wore rough garments, he slept but briefly, he gave most generously. And because he was very humble, he showed mildness to all, adapting himself

usefully to the behaviour of all. The more holy among the saints and among sinners he was as one of them."

It is to Cimabue also that we are indebted for the decoration of both the apse and the transept in the upper basilica, the chromatic aspect of the work being lost but they remain nevertheless the greatest monument to his artistic genius.

In the apse we find scenes drawn from the life of the Mother of God, to whom the upper church is dedicated. In the lefthand transept scene from the Apocalypse while to the right, scenes from the Acts of the Apostles. It is perhaps in his representation of the Crucifixion, in the upper church, that his artistic creativity is most vividly charged with an extraordinary dramatic energy: the figures represented in the fresco gathered around the central figure of the crucified Christ represent the whole gamut of human emotions from the devastation of the angels to the unconcerned presence of the merely curious with Francis, quietly caught up in the cosmic drama at Jesus' feet, wrapt in wondering pity and love.

Giotto first came to Assisi around 1285 with his Master, Cimabue. It was at this time that he executed a number of the frescoes in the Old and New Testament cycles in the upper church. Ten years were to elapse before he was to return to turn his attention to the most monumental work in the whole complex; the famous Life of St. Francis.

He based his work on the "Major Legend" of St. Bonaventure and with the help of many assistants frescoed the twenty-eight panels outlining the life of St. Francis. He broke with the traditional conventions of Romano-byzantine art and adopted others which were to underscore the truly human scenes which he wished to convey.

Cennini has expressed it thus: "he abandoned the greco-latin style adopting a more modern form; the most comprehensive form ever achieved."

Francis gives his cloak to a poor knight. *Set against a most simple background this fresco gains its rich contextual feel from the penetrating looks and the perfect alignment of the two figures. We see the delicacy of Francis' posture of openness and giving: "it is in giving that we receive!" by becoming poor that we are enriched!*

Francis listens to the Crucifix at San Damiano. *Breaking through the constricting social mores of his time Francis takes full stock of his mission. The image of Christ crucified becomes for him the disquieting mirror in which the faces of all the crucified people of his time (the lepers, the poor and imprisoned) are reflected. In his Testament he writes: "No one told me what I was to do; but the Most High himself revealed to me that I was to live according to the norms of the holy gospel." Neither parents nor friends were to indicate the way of his personal human fulfillment but Christ himself was to lead the young Francis through a process of conversion which would lead him to turn his back on the allurement of success and the power of riches.*

Before his parents, in the square adjacent to the bishop's palace in Assisi, Francis would renounce his patrimony, returning his very clothes to his father. The scene is charged with emotion: a shudder of rage runs through his father's whole body and hate is transparent both on his face and on those of his friends while on the faces portrayed in the other group there is nothing but serenity and peace. There is a great divide, and abyss of incomprehension between the two groups.

As soon as he begins to understand the urgent need of restoration and reform, Francis, instead of launching bitter invective against ecclesiastical or political leaders, sets himself immediately to devote himself generously and energetically to the task. While Pope Innocent III dreams "with open eyes" of a heavenly aid to raise the Church up again, Francis and his first companions present themselves to him explaining to him the objectives of their gospel based way of life.

Pope Innocent III gives oral approval of the Franciscan Rule. *Here, besides the sheer beauty portrayed on the faces of the group in the papal group what is most striking is that despite the grandiose, architectural splendour and complexity of the setting, it is the group of friars, gathered with Francis, before the Pope who occupy the real space and give living dimension to the fresco.*

Near Rivotorto. *Francis appears to the friars in a chariot of fire. The unannounced awakening is evident on each of the friar's faces (the puffed up cheeks, the half-closed eyes, the heavy lips), while one raises his head two others comment and make gestures.*

Francis expels the demons from Arezzo. *The medieval city assumes a surrealist quality. Friar Silvester raises his hand in a great gesture of blessing. But it is the insignificant and marginal figure of Francis kneeling in prayer who is the central figure in the drama.*

The world into which Francis was born was one of social upheaval and violent contestations. The old feudal order was breaking up and a new commercial order was emergine. The groups at the lower end of the social and economic scale (the Minores) were no longer prepared to be suppressed by the nobility (the Maiores). The Comunes fought among themselves; the civil and ecclesiastical authorities contended for power.

It was against this background that Francis' vocation as a peacemaker was to mature. He knew the sufferings of war from his own personal experience. Yet he never tired of directing himself towards Perugia, Arezzo or Siena to proclaim his: "Praised be you, my Lord, for those who pardon for love of you." Together with his brother-friars he preached the Gospel of peace that the spirit of constricting oppression might be exorcized to make way for the spirit of brotherhood and peace.

For Francis, all people are brothers and sisters: rich and poor, saints and sinners, outlaws and honest men... and non-Christians too, like the Sultan of Egypt, Melel El Kamel. While the medieval Christian world was engaged in armed crusades against the Muslims, Francis sent his brothers to evangelize "the Saracens and other infidels". In this way, Francis can be likened to a prophet of ecumenism in the Church, setting out not to conquer, but to communicate the freedom of the salvific love of Christ. That same Christ who for our sake became man and was born in a cave in Bethlehem.

Giotto, depicting the manger scene at Greccio unites the two principal themes in a marvellous synthesis giving expression to the novelty of the art form which he developed; the representation of a truly human aspect coupled with an attention to architectural form and dimension.

On the one hand, the quiet and solemn chant of the friars with modest and tender expressions while on the other, the dimensions of the pulpit and manger and that of the altogether extraordinary overhead cross.

In The miracle of the thirsty man *the aridity of the thirsty ground and the unrelieved aridity of the countryside seem to be one of apiece.*

In The preaching to the birds, *Giotto shows himself to be an unsurpassed master. The whole scene seems to reflect the recollected peace and serenity of Francis which seems to communicate itself to the whole natural environment.*

Giotto is most clearly following the narrative of St. Bonaventure from which this integral portrait of Francis emerges, as one who is attentive to God, to humankind and to all creation.

The Franciscan spirit is one in which God, humankind and the world of nature coexist with a delicate yet profound harmony of interpenetration. The sun, the moon, the stars, water, wind and fire are not excluded from this sense of cosmic harmony. In fact, they are welcomed and embraced as "brothers" and "sisters" by the Poor Man of Assisi.

In the scene depicting the sudden death of the Knight *we see one of the most outstanding examples of the dramatic genius of Giotto. The group of women represent the anguish which surrounds death while the table set for a feast, expressive of life, is left unattended.*

Francis preaches an improvized sermon before Pope Honorius III and the Roman Curia. *The Pope is intent on hearing Francis' every word, his attention is expressive of the high esteem in which he holds Francis and his followers. In fact, writing to a group of bishops who had expressed their misgivings concerning the Franciscan Order, this Pope would describe the friars as "devout and Catholic men." It was this same Pope who gave written confirmation of the Franciscan Rule in 1223.*

It is Christ himself who impresses the "seal" of his love on Francis, on Mount Alverna, *with the impression of the Sacred Stigmata, underlining Francis' imitation of an incorporation into Christ, setting him out as the "alter Christus" of medieval spirituality.*

Dying, close to the little church of Our Lady of the Angels or the Portiuncula, *Francis tells his friars: "My brothers, I have done my part, may Christ teach you yours."*

Simone Martini depicts a more gentle image of Francis than does Giotto; a Francis with melancholy eyes and a delicate face. This fresco is one of a decorative cycle which the Siennese Martini completed around 1300 in one of the side chapels located in the central nave in the lower church.

There are scenes from the life of St. Martin of Tours: giving his cloak to a poor man, the knightly investiture and the death and funeral rites of the saint.

The knightly investiture of St. Martin provides the artist with the opportunity to develop a theme which he finds particularly congenial: the pictorial representation of the nobles and courtesans of the time, of particular note is the famous group of singers and musicians.

This chapel is further enriched by the beautiful stained glass windows, the cartoons for which were also designed by Simone Martini.

The Siennese School is present in Assisi in the persons of Pietro Lorenzetti and of his brother and assistant, Ambrogio. Beginning in 1310 they frescoed the lefthand arm of the transept, in the lower church, depicting scenes from the Passion.

Even the badly damaged but magnificent crucifixion scene seems to have a life of its own constituted by the composite mass of single figures, every one of which is perfectly realized and individualized; each one, seemingly the main protagonist in the scene. The central cross stands out clearly against the deep blue sky.

The other scenes from the Passion unfurl around this central fresco of the crucifixion: the last supper... the entry into Jerusalem... the way to Calvary... the deposition from the cross.

Only two frescoes in this transept do not follow the Passion cycle: St. Francis receiving the stigmata on Alverna and the exsquisite Madonna and Child flanked by St. Francis and St. John the Evangelist.

It is most commonly referred to as Our Lady of the Sunset. It is a most suggestive scene "the high point of Siennese grace demonstrating the robust Florentine psychology"

The Virgin and Child are obviously deeply engaged in conversation: the Child is asking his Mother who loves him most, the Poor Man of Assisi or John, the Beloved Disciple. The Virgin, wishing to spare the sensibilities of the Evangelist points very discreetly towards Francis, the "alter Christus".

The background gold leaf gives an added impetus to the work.

Above the high altar we find the "four veils" of the vows; this work in allegorical form, has been attributed to Giotto by Vasari, but according to others they are the work of an unknown artist, known conventionally as the "Master of the Veils".

Drawing the three vows of Poverty, Chastity and Obedience together as the way of life lived by Francis in imitation of the poor, obedient and chaste Christ, we are confronted by a most unusual representation of Francis, seated, in the glory of heaven, still bearing the marks of Christ's Passion in his flesh and carrying the book of life, the Book of the Gospels.

The frescoes in the opposite transept, again attributed to Giotto depict scenes from the nativity and infancy of Jesus.

In the lower basilica, the hand of Giotto can be detected yet again, this time in the lateral chapel dedicated to St. Mary Magdalene. This is the work of the mature Giotto who returned to Assisi after having worked in the Scrovegni Chapel in Padua.

As can be seen, we have an explosion of art around the tomb of St. Francis. The artistic patrimony is further enriched by the presence of artists such as the Master of St. Nicholas, Andrea da Bologna, whose work can be found in St. Catherine's chapel, Puccio Capanna and later, in the fifthteenth and sixteenth centuries by such artists as Dono Doni, Cesare Sermei and Martelli who worked in the remaining chapels and on any free wall space available.

The great stone masons and artisans too of the thirteenth century Comatine School have left many elegant testimonies of their work in the various capitals, altars and sepulcher monuments to be found in both churches.

The breathtaking delicacy of both churches is owed in no small measure to the effect produced by the natural entrance of light filtered through the stained glass windows. It is the most densely concentrated collection of thirteenth and fourteenth century stained glass being the work of German, Flemish, French, English and Italian craftsmen and artists.

The collection of glass as a whole can boast of three areas in which it excels and stands over and above any other European collection. In the first place, it is the oldest collection of glass in Italy. Secondly, the greatest artists of the age including Giotto, Cimabue and Martini were responsible for drawing the design cartoons and thirdly, it is the most varied single collection both in terms of style and technique.

Whoever comes to Assisi is immediately struck by the colossal structure of the Basilica which rises up from the lower square which is itself surrounded by a colonnade which was constructed around 1467. It is a beckoning invitation to leave everything aside and concentrate all our energies into our encounter with Francis. The present entrance which was built in 1487 at the request of the then Minister General of the Franciscan Order, Francesco Sansone. The doorway however dates from the fourteenth century and is modelled on the portal of the upper church, the particular style in this case being late Gothic.

The small loggia on the façade dates from only 1530.

Around the sepulcher church which honours the remains of St. Francis there is the friary where the community of friars live.

Gregory IX, in the name of the Holy See, assumed patronage of both the church and the friary. The original friary built behind the church which housed the community to whom the supervision of the church was entrusted received the official title of papal palace! In fact, various popes, beginning with the pontificate of Innocent IV in 1254, have lived here.

The original friary built in the Romanesque style with the same stone that was used to build the basilica is captivating precisely because of its stark simplicity and for the testimony which it renders to the love of poverty.

From 1363 onwards the friary became known as the "Sacro Convento" being the friary of that church designated by the popes as being "head and mother" of the whole Franciscan Order. The present structure was completed over a period of some two centuries through a process of consolidation and modernization attaining its definitive shape between the years 1472 and 1487 in the pontificate of Sixtus IV.

The immense structure, perched on the side of the hill assumes the dimensions of a small fortress as though defending the church and the body of Francis.

It is the cradle of Franciscanism. The Friars Minor Conventual who live there feel themselves compelled by the gospel ideal desired of the friars by Francis. They desire to be a living witness to their life of fraternity, deeply rooted in prayer.

It is not surprising therefore that certain areas within the friary exude a sense of the spirit of recollection and prayer:

– the cloister of Sixtus IV from which there is the most spectacular view of the apses of both churches;

– the fourteenth century colonnade which affords a most spectacular panorama of the Spoleto valley.

The sublime synthesis between architecture, art, sculpture and stained glass conspire to make the whole complex world famous.

The immense richness of form to be found here sheds a ray of light on the myriad of beauty which is to be found in Assisi.

The Basilica of St. Clare, built in the gothic style between 1257-1265 was designed by Filippo da Campello and was modelled on the upper church of St. Francis. Of particular note from the outside is the rose window and the main portal. The church is built in the shape of the Latin cross. The vault in the sanctuary area together with the transept and the chapel of St. George were decorated by local Umbrian artists who were much influenced by Giotto and Cimabue.

It was in the chapel of St. George that Gregory IX proclaimed Francis a saint and it was here, until 1230, that the mortal remains of Francis were interred. It is in this same chapel that the Crucifix which spoke to Francis at San Damiano is conserved.

The body of St. Clare rests in the Crypt. Clare, "the little plant" of Francis remains, in silence, as a precious presence for Assisi, for the Franciscan movement and for the Chruch.

The church of San Damiano, a small tenth century country church which Francis set about restoring after hearing the voice from the Crucifix, is to be found on the outskirts of Assisi.

The ancient monastery of St. Clare is to be found here and St. Clare herself lived here for forty-two years until her death on August 11, 1253.

It was here also, around 1225, that Francis, marked with the stigmata composed the Canticle of the Creatures, that beautiful synthesis which gives expression to his love of God, of humankind and of all creation.

The Hermitage is to be found on Mount Subasio hidden in the midst of a dense oak forest. It is a place of silence and of peace. Francis and his first companions were wont to come here in order to pray in the various caves to be found dotted over the hillside. Around the primitive nucleus of cells a small friary was built beginning in the fourteenth century.

Going down onto the plain you come to Rivotorto, the site of the first experience in community for Francis and his first followers, centered around an abandoned and tumble-down hovel.

Closely is to be found the chapel of St. Mary Magdalene and the hospice of St. Lazarus where the young Francis went to be with the lepers.

Still on the plane you find the Portiuncula, that place so much loved by Francis in which he so often experienced the tender mercy of God. The imposing basilica was only built in 1569 and is surmounted by the beautiful dome of Vignola.

Inside are to be found the little church of the Portiuncula with its mystic sense of presence and the remains of the primitive Franciscan friary and of course the little chapel of the Transitus where Francis died on the evening of October 3, 1226.

It was in the little chapel of the Portiuncula that Francis in 1216 received in a vision from Christ, through the intercession of the Mother of God the Pardon of Assisi indulgence which was subsequently approved by Pope Honorius III.

Many scenes of Franciscan life unfolded around this hallowed spot: it was here that St. Clare first came to Francis... here also that the famous Chapter of Mats took place in 1221 at which some five thousand friars were present!

For these reasons, Francis asked his followers never to abandon this place.

Back in Assisi it only remains to admire the many beautiful public buildings around the Main Square. Then perched a little above the town there is the Rocca, the fortress from which it was possible to defend Assisi.

This is the Assisi which fascinates so many pilgrims coming from all parts of the globe because beyond the external aspects of artistic beauty the city has conceived a rich spiritual patrimony.

The picturesque corners, the narrow stairways with their wayside shrines, the little winding streets with their ancient houses, the potted geraniums which add such colour and beauty to the charm of the place, the small workshops employed in the manufacture of wrought iron, of embroidery or of ceramics... everything invites us to the respectful appreciation and acceptance of Francis' message.

Whoever comes to this "holy mountain" realizes that the spirit of St. Francis is still alive through

— prayer —
— the search for God —
— the culture of love —
— the joyful choice of poverty —
— the creative gift of work —
— the cultivation of a civilization of peace —
— ecumenical openness —
— universal brotherhood and sisterhood -
— the love of nature —

These are values, evident to, and within the reach of all. In these ways and in so many other aspects Franciscan spirituality has something of profound significance to communicate to the age in which we live.

Francis of Assisi is a gift of God to the Church and to the world.

UN PAESAGGIO PER VIVERE

Carla Tomasini Pietramellara / Alberto Arrighini

La vita di Francesco si svolge e si conclude nelle quattro stagioni dell'anno solare, ed è per questa ragione che ad essa si è fatto riferimento per rappresentare, con le immagini, i multiformi aspetti di Assisi e del territorio circostante.

La città e il Santo sono ormai indissolubilmente legati tra loro anche se non possiamo ignorare che la storia di questo centro urbano risale a tempi assai più remoti dell'esistenza di Francesco. La conformazione planimetrica della città attuale ripete ancora quella romana.

È orientata prevalentemente secondo l'asse nord-ovest, sud-est secondo una ideale linea di livello posta a mezzo di un dolce pendio del monte Subasio che si stempera nell'incantata pianura della valle Spoletana tra il Topino e il Chiascio.

Fiorente centro romano le cui vestigia architettoniche ancora sono presenti nel tessuto urbano, ebbe vita attiva anche durante la sovranità longobarda del ducato di Spoleto. La sua vocazione ghibellina, anche come libero comune, si protrasse oltre il 1198 quando la rivolta popolare, scacciando Corrado di Lutzen, investito dal Barbarossa del titolo di duca di Spoleto, distrusse la rocca posta sulla sommità del colle.

Francesco nasce nell'inverno del 1182 sul finire di un secolo ricco di promesse, avviato ormai verso quella rinascita economica legata al costituirsi di una ossatura socio-politica innovativa rappresentata, in Italia, dalla formazione dei liberi comuni.

Anche ad Assisi il fervore di nuove e proficue iniziative economiche, che abbracciavano buona parte dell'Europa, si stava già manifestando.

La città contava sul finire del XII sec. circa 7000 abitanti; era divenuta comune autonomo e competeva validamente con i suoi vicini, in particolare con Perugia. Francesco nasce negli ultimi venti anni di quel secolo fortunato e ne gode tutti i vantaggi. Suo padre Pietro Bernardone, di professione mercante, è l'uomo più ricco della città.

La tradizione lo ricorda come uomo avveduto, furbo, decisamente volitivo e autoritario, e sicuramente per necessità di mestiere, abile psicologo, mediatore pronto ad approfittarsi delle debolezze ed errori altrui. A bilanciare nel patrimonio genetico ed educativo di Francesco le virtù imprenditoriali del padre era la madre Pica, donna di inesauribile fiducia nella provvidenza e ricca, inoltre, di una ottimistica valutazione della bontà divina del perdono.

Lo svolgersi della vita di Francesco dimostra quanto nella sua personalità si siano felicemente fuse le più "belle" caratteristiche di entrambi i genitori.

L'ambiente sociale nel quale il futuro Santo chiamato alla sua nascita Giovanni, nome dell'apostolo prediletto da Cristo, il più intellettuale ed intuitivo, cresce e trascorre i suoi primi venti anni, i più importanti per la formazione ed il carattere della personalità, è certo il più esclusivo, colto e privilegiato della città.

Si può intuire anche dalla variazione di nome imposta da Bernardone che, al suo ritorno da un viaggio dalla Francia, sostituì al nome di Giovanni quello certo più esotico di Francesco, a sottolineare la sua partecipazione fortunata al mondo internazionale degli affari.

La certezza di una buona indulgenza nei confronti dei suoi atteggiamenti sociali dovuta alla posizione privilegiata della famiglia induce il giovane uomo, perché tale era già in quei tempi un ragazzo oltre i quindici anni, ad assumere atteggiamenti di sfida forse fino alla prevaricazione, spinto da un'indole passionale che lo porterà poi al misticismo e quindi sempre al di sopra delle righe della consuetudine.

La prigionia a Perugia, all'età di venti anni, nel 1202, durata ben un anno e poi la malattia sopravvenuta in una sosta a Spoleto durante il viaggio di trasferimento in Puglia per mettersi quale armato al servizio di Gualtieri di Brienne, lo inducono a ripensare su un ipotetico destino di guerriero, dopo che aveva già scartato anche quello di uomo d'affari associato al padre.

La tradizione dice che tornato ad Assisi scelse una terza strada, più insolita ed imprevedibile nel suo percorso, che poteva concedere solo la gratificazione spirituale. Si diede in Assisi a promuovere opere di carità e a condurre una vita di preghiera.

Viene così abbandonata la via della gloria militare sentita, forse, come sublimazione di un istinto che lo portava ad agire nell'utopia di un migliore assetto politico. Operare nel mondo sociale diviene ragione della sua esistenza.

Il paesaggio, da vivere e per la vita, ha certamente contribuito alla manifestazione di Francesco di tutti quei valori trascendenti, sfociati anche nella difesa, conservazione e rispetto della natura e dell'ambiente.

È forse pleonastico soffermarsi a descrivere, immaginandola, la suggestione del paesaggio, della sua ridente serenità e della dolcezza delle linee e dei colori.

Così, la suggestione e la spiritualità di un tramonto verso l'infinito; il rapporto cromatico ed i riflessi nella luce filtrata da un gioco nebuloso; l'alba in un mattino primaverile, nel silenzio spaziale rotto soltanto dalla voce della natura; lo spazio senza tempo, ritmicamente scandito dai trionfi della natura in un'altalena di varietà di colori forti, aerei, dolci facevano da contrappunto alle doti umane di Francesco.

Anche il continuo avvicendarsi delle stagioni contribuiva a plasmare la sensibilità e il carattere: l'inverno, con il Subasio imbiancato, la piazza del Comune con il Tempio di Minerva, le fontane impreziosite da un vestito di ghiaccio traforato, il silenzio, il rapporto con lo spazio, la natura, la contemplazione; la primavera, con i suoi colori smaglianti, il rifiorire delle colture, il cinguettare degli uccelli, l'armonia, la musicalità; l'estate, con la quotidianità dell'opera contadina nella campagna, delle attività artigianali legate alla produzione edilizia e manifatturiera; l'autunno, con una campagna dai colori bruciati dominanti nel verde della "selva" e dei boschi che arricchiscono il paesaggio del Subasio.

Rispetto all'ambiente, appare invece più importante cercare di riproporre l'aspetto della città in cui agiva e costruiva il suo futuro il giovane Francesco, figlio non mansueto.
Aveva già sedici anni quando, nel 1198, i cittadini di Assisi, distruggendo la Rocca, acquistarono la loro indipendenza dal Duca di Spoleto rifiutando così la protezione dell'Imperatore.
Questo evento eccezionale, che mutava anche l'aspetto della città non più dominata dall'alto della fortificazione, simbolo di potere temporale, si accompagnava, nel cuore del nucleo urbano, all'impegno operoso dei cantieri di costruzione aperti per erigere una maestosa Cattedrale in sostituzione dell'edificio preesistente, di assai antica epoca, e che nel progetto di una diversa sistemazione urbanistica avrebbe dovuto sostituire la vecchia Cattedrale adiacente al palazzo del Vescovo intitolata a Santa Maria Maggiore. Un secondo importante cantiere era aperto nella città per la costruzione della nuova chiesa di San Pietro, in sostituzione della più antica risalente al X sec.
Nelle forme delle nuove chiese è visibile il trapasso tra l'architettura romanica e quella gotica di cui la basilica superiore dedicata a Francesco propone l'aspetto più felice e completo.
Il tessuto residenziale della città, rado e modesto, fiancheggiava i vicoli scoscesi e univa tra loro i pochi edifici monumentali a cui si aggiunsero dalla seconda metà del XIII secolo e per i due secoli a venire, edifici in larga parte legati alla predicazione di Francesco ed alle attività dei suoi fratelli.
Le viuzze strette ed impervie, le scalinate che si impennano improvvise nel centro intorno alla "Piazza del Comune" sono certo quelle che meglio ci ripropongono l'assetto urbanistico della città nel primo scorcio del sec. XIII.
La cintura di mura fortificate, in parte ancora quelle costruite in epoca imperiale romana, chiudeva strettamente il nucleo cittadino sul quale incombeva, per mole e posizione, la rovina della fortezza da poco distrutta.
Intorno alla metà del secolo seguente, il XIV, il cardinale Albornoz, in vista del ritorno dei Pontefici da Avignone, ne restaurò le rovine e ne ampliò il perimetro, riproponendo così tra la città, che nel corso del secolo XIII aveva assunto maggiore consistenza architettonica in virtù delle opere civili e religiose realizzate, un rapporto di simmetria ideale interrotto nel 1198.
All'inizio del Duecento i monumenti emergenti erano ancora prevalentemente costituiti dai resti degli edifici di epoca romana: il Tempio, il Foro, il Teatro e l'Anfiteatro e ampi tratti di mura integrate dalle mura medioevali

costruite a tamponamento delle brecce aperte dal continuo guerreggiare con i vicini comuni.

Ne fa testimonianza la titolazione della chiesa di San Giacomo presso la porta cittadina omonima allora detta "de muro rupto" le cui dimensioni modeste ben si accordavano con quelle dell'abitato medioevale.

L'attuale Oratorio chiamato di San Francesco piccolino, ricavato – così dice la tradizione – in una parte della casa di Pietro Bernardone, il più ricco di Assisi, ci conferma la scarsa consistenza architettonica della vecchia città, i cui resti appaiono ancora emergenti a tratti nel più tardo tessuto edilizio.

La sede dei maestri Comacini lungo la via di San Francesco, malgrado la sua ristrutturazione quattrocentesca si presenta, ancora oggi, nelle sue ridotte anche se non modeste forme architettoniche.

Dobbiamo ricordare che la sede di queste maestranze, in grazia del grande prestigio di cui godevano nella regione, deve essere considerata tra le opere architettoniche di maggiore rilevanza non monumentale.

Il Tempio di Minerva, ancor oggi, così mirabilmente conservato nel suo impianto architettonico è da ritenersi probabile che per l'avvento assai precoce in Umbria del cristianesimo fosse stato trasformato in edificio di culto cristiano.

La sua mole imponente, per lungo tempo, deve aver costituito il monumento principale della città, che, dopo aver perduto la connotazione urbanistica romana, per la decadenza dei suoi principali edifici pagani, stava faticosamente cercando una sua nuova identità formale.

Il Tempio di Minerva e la chiesa, che realisticamente doveva essere stata consacrata all'interno della sua cella, non sono ricordati nel racconto della vita di Francesco.

Si parla invece, facendo riferimento all'incontro del Santo con Bernardo da Quintavalle, nel 1208, della chiesa di San Niccolò, di cui rimane oggi solo la cripta che, unita ai resti del Foro romano conservati sotto il livello dell'attuale Piazza del Comune, ospita il museo.

La chiesa occupava parte del lato della Piazza del Comune dove oggi si innalza il palazzo della Pretura.

La modestia delle dimensioni delle Chiese di Assisi costruite tra l'XI e il XII secolo caratterizza tutti gli edifici religiosi, sia all'interno che all'esterno del cerchio delle mura urbane: la Porziuncola, al piede del declivio del Subasio; San Damiano, nella sua dimensione primitiva, oggi ancora leggibile nella stesura della facciata; i resti della chiesa di San Giorgio, dove Francesco trovò la sua prima sepoltura e che, parzialmente demolita, permise la costruzione del complesso Chiesa-monastero dedicato a Santa Chiara.

L'impulso rinnovatore si manifesta in Assisi anche sotto l'aspetto edilizio e dello sviluppo urbanistico le cui trasformazioni, nei secoli a venire, hanno sempre trovato riferimento diretto e immediato con la vita dei due Santi, Francesco e Chiara. Questo spirito nuovo sembra aver favorito la vocazione di Francesco manifestatasi nel 1206, o, secondo alcuni, ancora nell'anno precedente, in occasione di una delle consuete battaglie o guerre primaverili che hanno costellato la storia medioevale.

Anche l'incontro, nel 1217, con Chiara – la prima donna del medioevo a riunire presso di sé compagne legate dalla comunanza di vita e di intenti in povertà e preghiera – rappresenta un evento essenziale per la città legata in tutto il suo futuro dalla scelta di vita dei due Santi.

L'esistenza di Francesco e di Chiara si snoda lungo percorsi paralleli, entrambi difficili, per quanto quello di Chiara sembri più aspro e meno gratificante. Alla mortificazione della carne, al silenzio e all'obbedienza si sommano, infatti, la negazione di ogni contatto umano cercato invece da Francesco attraverso la predicazione.

I segni più eloquenti dello spirito innovatore del tempo che hanno segnato tutto il "percorso" di Assisi sono i due complessi dedicati a San Francesco e a Santa Chiara, la lettura della forma e la vita dei quali rende visibile e tangibile il diverso cammino nel mondo delle due vocazioni sorelle.

Vi fu tempo in cui Chiara abitò sopra la Chiesa di San Damiano nella quale Francesco era solito pregare; ne sono rimasti tuttoggi i segni di una memoria storica ancora visibili nel dormitorio sopra la chiesa e all'interno del piccolo refettorio collocato nella parte più antica dell'attuale convento.

Furono quelli i tempi, forse, di comunione spirituale vera e sentita tra i due Santi: Chiara immobile per obbligo di tradizione nella sua preghiera, e Francesco indotto ad un continuo vagare verso orizzonti sempre più lontani, fino a farlo giungere anche in Palestina e in Egitto. L'entusiasmo con il quale Francesco e i suoi pochi fratelli vengono accolti, circondati di attenzione di consensi in tutti gli strati sociali esprime la felice coincidenza tra il pensiero e l'opera del Santo e le aspettative umane che si manifestano in partecipazione spirituale così viva anche oggi.

Francesco riesce anche, armato della virtù dell'umiltà, fondamento del suo intendimento esistenziale, a muoversi, senza trovare impedimenti, tra le istituzioni ecclesiastiche e le aspirazioni religiose del tempo promuovendo spinte innovative, spesso anche contestatrici, senza peraltro uscire dall'abbraccio della Chiesa Romana.

Solo dopo la sua morte, avvenuta il 3 ottobre 1226 nella Porziuncola, la partecipazione spirituale della gente si manifesta anche sotto l'aspetto materiale.

Le generose donazioni che i fratelli del Santo, secondo la regola, non potranno accettare, vengono dalla Chiesa Romana assunte e utilizzate per la costruzione della doppia basilica e del Convento.

Mentre la doppia basilica veniva completata tra il 1228 e il 1253, il complesso organismo del convento di Frate Elia e l'ala papale subiva ampliamenti e trasformazioni importanti fino a consolidarsi con la fine del secolo XV.

Il secolo XIV rappresenta il periodo più fertile di iniziative conclusesi con la realizzazione del Grande Palazzo Ovest, verso Perugia, con la creazione del secondo cortile detto di "San Geronzio", definito da corpi di fabbrica costituenti la fase detta dell'"Albornoz", comprensiva della nuova ala papale.

Lo stesso Cardinale Albornoz in previsione del ritorno dei pontefici da Avignone, finanziò e promosse il completamento delle opere iniziate "ex novo" e le ristrutturazioni dell'antico convento di Frate Elia, a cui lasciò, quale legato post mortem, un cospicuo capitale.

Alla sommità del colle, incombente su Assisi, dopo il passaggio del Cardinale si ripropone la Rocca, restaurata ed ampliata a cancellare la memoria del Libero Comune che aveva intrapreso, nei primi anni del secolo XIII, anche la costruzione di quel complesso di edifici civili, simbolo del potere autonomo: il palazzo del Capitano del Popolo, la Torre Merlata sulla piazza del Comune, il Palazzo dei Priori. In tal modo veniva completato l'assetto urbano all'interno della cinta muraria.

La ricostruzione della Rocca segna il passaggio della città sotto l'influenza del potere temporale della Chiesa.

Con la realizzazione della "grande scarpa" sul fronte verso Perugia, del chiostro di Sisto IV, del grande Palazzo Sud con le "tredici arcora", il Sacro Convento assunse, verso ovest, quella fisionomia caratteristica di fortilizio quasi a difesa del Corpo del Santo, e sul fronte sud, l'immagine definitiva a doppio ordine gigante quasi a "stupire chi sale verso Assisi".

Con il secolo XV si conclude il ciclo della grande stagione monumentale legata alla vita del Santo.

Ancora oggi, per chi proviene da Perugia, Assisi si presenta abbarbicata sul Subasio, incastonata nella collina come una gemma monocroma, rosa antico, nel dolce trionfo di un paesaggio sinuoso, collinare stemperato nel fiorire di una natura incontaminata, di un ambiente ove i colori assumono, nel pellegrinare delle stagioni, i dolci riflessi della campagna umbra.

L'abitato di Assisi, chiuso e fermo, in un armonioso rapporto tra lo spazio costruito, il paesaggio urbano e l'ambiente, trova una difesa naturale nella cinta muraria che, da secoli, difende e racchiude in un abbraccio ideale il Sacro Convento e il monastero di Santa Chiara, segni tangibili del potere spirituale; la Rocca, del potere temporale.

Il nome stesso di Assisi, probabilmente da "acu", levante, sinonimo anche di luce, quindi "faro" sul mondo, con l'assonanza morfologica a Gerusalemme, può, forse, interpretarsi quale segno premonitore di un comune destino?

La centralità ed il ruolo di Assisi, nella predicazione, continua ancora, più forte oggi, nella dialettica internazionale, quale centro di proposizione di pace e di fede, nelle sue molteplici sfaccettature volte anche alla difesa e conservazione dell'ambiente e della natura nel nome del Santo.

Nella continua ricerca di una "città ideale" – utopia che perseguita l'uomo da sempre, rispondente alle molteplici funzioni che una società moderna organizzata è chiamata a svolgere ed assolvere – tale ruolo e connotazione può rappresentarli Assisi. Qui l'ambiente, il paesaggio conservato nella sua originaria freschezza, il valore cromatico della pietra del Subasio che segna completamente lo spazio costruito a misura dell'uomo, il rapporto costante tra il pubblico ed il privato sono perfettamente in simbiosi. Qui ancora il tempo è infinito e lo spazio, armoniosamente integrato, costituisce un'oasi di pace e di silenzio: l'abitato permette, mantiene e conserva tutta la sua storia in una complessa e affascinante stratificazione urbanistica ed edilizia, e l'uomo può ancora ripercorrere e rivisitare il passato nella ricerca di se stesso.

I tre vertici del triangolo che delimita ancora l'abitato di Assisi sono definiti dal Sacro Convento, da Santa Maria degli Angeli, involucro della Porziuncola e dal monastero di Santa Chiara. I fratelli e le sorelle di Francesco e di Chiara dalla loro residenza posta su un medesimo livello altimetrico della collina alle due estremità dell'abitato cittadino, possono vedere il luogo della morte del Santo che giace nella ampia vallata sottostante, proprio ai piedi di Assisi, ma tra essi non esiste alcun contatto visivo. Le loro esistenze continuano così a correre parallele come era in San Damiano, coincidenti nella direzione della perfezione ma poste in livelli diversi.

Ai fratelli la Chiesa e quindi il contatto con gli uomini, alle sorelle il Cielo.

LIVING LANDSCAPE

Carla Tomasini Pietramellara / Alberto Arrighini

THE LIFE and death of St. Francis are intimately interwoven in the all pervasive backdrop of the four seasons. From this perspective, it seems only right and natural to present a kaleidoscope of images which will better convey a fuller representation of the multifaceted realty of Assisi and its environs.

To speak today of Assisi is to speak of St. Francis. There is an indissolubile link between the town and its Saint. Yet we cannot ignore the fact that this urban centre is shrouded in the mists of a history which by far pre-dates the times in which Francis lived.

The urban plan of the present town is based entirely on that of the old Roman conurbation; set on the north-west, south-east axis positioned on a slight incline at the foot of Mount Subasio as it melts into the charming plain of the Spoletan valley.

Assisi was a flourishing Roman town, the architectural remains of which are still discernible; it was also a thriving centre under the sovereignty of the Lombard dukes of Spoleto. Its dedicedly Ghibelline proclivity persisted even beyond 1198 when the castle which dominates the town was destroyed and Conrad of Lutzen was driven out by a popular revolt.

Francis was born in the winter of 1182, towards the end of a century which was so rich in promise, well established on the road to economic rebirth built upon the innovative socio-political structures represented by the ascendency of the communes in Italy.

In Assisi, too, the enthusiastic economic activity which had gripped the greater part of Europe, had already begun to make itself felt. Towards the end of the twelfth century there were around seven thousand inhabitants in the town, it had already become an autonomous commune competing with its neighbors, particularly, with Perugia. Francis was born in the last years of the century and he was destined to enjoy all the advantages that it had to offer.

His father, Peter Bernardone, a cloth merchant by profession, was one of the richest men in the town.

Tradition records that he was shrewd and cunning, decidedly strong willed and authoritarian and almost certainly a good psychologist, always ready to make the most of the deficiencies or weaknesses of those around him.

Balancing the genetic inheritance, the entrepreneurial genius of his father there was his mother, the Lady Pica, a woman of untiring faith in divine providence, filled with a rich optimism in the goodness of God's loving kindness and forgiveness.

The unfolding of Francis' life demonstrates the happy and harmonious fusion of those virtues which he had inherited from both parents; an interior harmony reflecting the exterior harmony of the umbrian countryside which surrounded him and which itself helped to conserve, nurture and integrate his life-values.

The social position in which the future saint was called to live was among the most privileged and exclusive in the town.

Even his change of name, he had been named John at birth, but his father, on returning from a business trip to France, changed it to Francesco, "Frenchy" underlines his absorption into the world of international commerce.

The softness, the peacefulness, the harmony of the surrounding countryside helped to bring the sensibilities and the native intuition of Francis to maturity. It helped to open him to the transcendent nature of his vocation.

The wonder of a sunset opening up to infinity, the reflections of light playing across the hillside, the pristine beauty and stillness of dawn in spring broken only by the thrilling voice of a bird singing: the rhythmic ebb and flow of the seasons, all of these things helped to mould and confirm the inner senses of Francis of Assisi, the man and the Saint.

Winter, with Subasio covered in snow, the main square with its Temple of Minerva blanketed in white, the fountains iced over, the silence of nature makes space for contemplation. Spring, with the reawakening of nature, the dazzling colours, the reflowering pastures with the song of the birds hailing the almost musical harmony of alla creation. Summer, with the toil of the country people in the fields, of artists and of craftsmen, a web of interwoven social relationships maintaining and building on the creative energies of God. Autumn with its canopies of dappled colours covering the woodedhillsides of Subasio.

It was against this natural background of the changing seasons that the young Francis grew to manhood.

He was already sixteen years old when in 1198, the citizens of Assisi destroyed the Rocca or castle and secured their independence from the Duke of Spoleto forfelting in the process the protection of the Emperor.

This exceptional event helped change the whole appearance of the city which would no longer be dominated by the fortification above, the symbol of temporal power; the energies of the construction industry were now centered on the erection of a majestic cathedral to replace the old cathedral of St. Mary Major adjacent to the Bishop's Palace. Another important building project at this same time was the construction of the new church of St. Peter to replace the older tenth century church.

The architectural style of St. Peter's church betrays that period of transition between Romenesque and Gothic form; a transition which is brought to full fruition in the upper church dedicated to St. Francis which was built in the first half of the thirteenth century.

The scattered houses of the town linked together by steep alleyways were soon to be augmented by the many new buildings which began to spring up from the second half of the thirteenth century, due in large part to the preaching of Francis and to the activity of his friars.

The all-encompassing fortified city wall, part of which dates from Roman times, enclosed the nucleus of the entire conurbation, included the recently destroyed keep.

Around the mid-fourteenth century, in view of the return of the papacy from the Avignon exile, Cardinal Albornoz restored the ruined castle and even extended its perimeter so that the city having undergone a process of considerable architectural expansion in the course of the previous century, now regained that harmony of symmetrical form which it had lost in 1198.

At the dawn of the thirteenth century the most imposing monuments to be built were still mostly constructed of the Roman remains: The Temple, The Forum, the Theatre and the Amphitheatre, together with these extensive areas of the city wall which had to be repaired and which were continually being breached in ongoing skirmishes engaged in with the neighbouring communes. The church of St. James bears eloquent testimony to the reality of this phenomenon; to this day it is still accorded the evocative title "St. James of the Breached wall".

The residence of the Comacine Masters in Via S. Francesco, in virtue of the enormous prestige which they enjoyed in the locality must be considered as the foremost of all the architectural remains second only to the great public buildings, even given the fact that it underwent a good deal of reconstruction in the fourteenth century.

The Temple of Minerva which even today is so well preserved very probably given the early coming of Christianity to Umbria, became a place of Christian cult very early on. Thus, its imposing mass, which must for so long have been the principal monument in the city, quickly regained a new formal identity after the decline of the late Roman period.

The Temple of Minerva however, is nowhere recorded in the biographies of Francis. In speaking of Francis' meeting with Bernard of Quintavalle it is not the Temple of Minerva but rather, the church of St. Nicholas which is mentioned. Today, all that remains of that church is the crypt which adjoins the Roman Forum which is to be found under the level of the present day main square and now houses a museum.

The churches of Assisi were characterized by their modest dimensions, whether inside or outside the city walls: The Porziuncola, St. Mary of the Angels, whose primitive simplicity which bespeaks a vision of spiritual wholeness and integrity still excites prayerful wonder and joy in the hearts of countless pilgrims who visit, passing through those hallowed portals, that beloved place so dear to St. Francis; St. Damian's, a place pregnant with the spirit, inhabited by the peaceful presence of so many generations of men and women, followers of Francis and Clare, still powerfully communicating the creative and life-giving presence of God to the men and women of our day; the almost formal intimacy generated by the modest proportions of St. George's church, Francis' parish church and the original site of his burial, which was almost completely demolished in order to facilitate the building of the monastery and church of St. Clare.

All of the architectural and urban development which was to take place in the following centuries derive their immediate inspiration from the town's two great Saints, Francis and Clare.

Both of their lives run along parallel lines, both frought with difficulties but Clare's being most certainly less ostensibly rewarding.

Both saints, grounded in the love of God through the poverty and obedience of Christ, follow the way of the Gospel attentive to the creative and life-giving word of God received in the silence of their hearts, in the very ground of their being. Clare's silence was however, more altogether radical, lived in a Spirit-filled solitude, in company with her sisters at St.

Damian's and in communion with the whole Church through her mystical incorporation into Christ while that of Francis was more spontaneously shared on the highways and byways of the world.

The presence of both Francis and Clare is still palpable, almost physical in the erstwhile abandoned church of St. Damian which Francis rebuilt with his own hands and in which he experienced such deep, contemplative union with his crucified and risen Lord, and in which Clare was to live for more than forty years her life of uninterrupted and continual prayer.

The enthusiasm with which Francis and his friars were received by all kinds and manner of people within society bear eloquent testimony to the felicitous and inspiring coherence which seal Francis' life and his testimony which, then as now, so often satiates the spiritual hunger of so many men and women and provoking undreamt of spiritual heroism.

Francis, deeply rooted in reality, whether his own personal reality or that of the society in which he lived, through humility, was able to break through all kinds of social, psychological and ecclesiastical barriers provoking all kinds of inovative and even contestatory movements towards reform while always remaining "a totally Catholic man".

It was only after his death on 3rd October 1226 that the material repercussions of the peoples' sprirtual participation in Francis' integral spiritual vision became apparent.

The generous donations of the faithful which, according to the Rule, the friars were unable to accept were received by the Roman Church and used to construct the double Basilica and its adjacent friary.

While the building of the Basilica was initiated in 1228 and finaly consacrated in 1253, the original friary of Bro. Elias underwent a series of extensions until its eventual consolidation towards the end of the fifteenth century.

The fourteenth century represents the most productive period in the history of the construction phase, the crowing glory of which was effected with the completion of the great west palace looking towards Perugia, and with the creation of a second courtyard called the courtyard of St. Gerontius: this whole phase being styled, "the Albornoz period."

In preparation for the return of the Pontifs from Avignon, Cardinal Albornoz financed and realized both the restructuring of the ancient friary of Bro. Elias and the building of the new papal palace to which end, he bequeathed a quite considerable sum after his death.

In restoring and expanding the castle on the hilltop overlooking Assisi, the Cardinal succeeded in bridging history, in effect, cancelling the whole epoch stretching from the destruction of the Rocca in 1198 til its reconstruction almost two centuries later.

With the completion of the great west front looking towards Perugia, the cloister of Sixtus IV and of the southern palace with its famous "thirteen arches" the Sacro Convento assumed an almost fortress-like character which seemed almost like a defensive keep intended to defend the Saint's body against any possible incursions from Perugia while from the south side it scemed designed to inspire fear in anyone coming up to Assisi.

Even to a visitor of the present day, coming from Perugia, Assisi seems to be perched on

Mount Subasio, as though set into the hillside like a jewel blending beautifully with the surrounding countryside, in perfect harmony with the natural environment.

The city wall seems to embrace the whole urban complex protectively embracing the Sacro Convento and the monastery of St. Clare, the tangible signs of spiritual power and the Rocca representing temporal power.

The very name Assisi, probably derived from "acu" meaning east and therefore, the obious association of light; a "beacon" for the world, like Jerusalem itself, indicative perhaps of a common destiny?

The main thrust of ministry in Assisi, perhaps even more so today than ever before, is centered on preaching, on proclaiming the Gospel. Growing international dialogue has firmly established Assisi as a centre of peace and of faith.

Humanity has always sought after utopia, that "ideal city"; the harmony between man and nature which is preserved in Assisi, an environment truly created according to the measure of the human person accords a privileged position to Assisi which facilitates the quest of humanity, ever ancient and ever new on the paths of self-discovery. Assisi constitutes an oasis of peace and of silence where all the dimensions of the human person can be explored and contemplated at the level of the personal or of the social or ultimately of the transcendent nature of the human person in our origin, our call and in our ultimate destiny.

The three points which still delineate Assisi today are the Sacro Convento, St. Mary of the Angels and the Monastery of St. Clare. The brothers of St. Francis and the Sisters of Clare from their reswpective homes, set on the same hill at opposite ends of the town look over the valley and the place where Francis died but they cannot see each other. Their two ways of life continue to run on parallel lines, both seeking holiness but both with very different perspectives.

The brothers, having been entrusted with churches, are opened to contact with people while the sisters, in the silence of the cloister, are ever-present to the contemplation of the heavenly mysteries.

Le stagioni
The seasons

Inverno
Winter

IL MONTE SUBASIO (m 1290), POSTO nel cuore dell'Umbria verde, è uno dei monti della catena degli Appennini.

MOUNT SUBASIO (m 1290), A PLACE IN the heart of verdant Umbria, is one of the mountains of the Appennine chain.

Adagiata sulla costa nord-occidentale del monte Subasio, in posizione alquanto elevata, Assisi domina la pianura antistante.

In position, the city sits on the north-western side of Mount Subasio, somewhat elevated. Assisi dominates the plain in front of it.

La città di Assisi è affascinante per l'architettura adattata alla vita: scorci di strade, vicoli, edifici hanno il colore tenue della pietra bianca e rosa del monte Subasio.

The city of Assisi is charming for its architecture adapted to life: short streets, lanes, that have buildings having the color of white and pink stone from Mount Subasio.

Disposta a ripiani e costruita in pietra, è posta in una posizione ben difendibile, dominata in alto dalla Rocca.

Arranged in terraces and built in stone, it is placed in a well-defendable position, dominated on high by the Rocca Maggiore.

ASSISI È UN LUOGO BACIATO DALLA grazia e dalla bellezza di un paesaggio che non si dimentica facilmente, con lo scenario di una vallata fertilissima circondata da una catena di monti.

ASSISI, THE SCENE OF A MOST FERTILE valley surrounded by a chain of mountains, is a place kissed by grace and beauty; a countryside that is not easily forgotten.

IL CENTRO URBANO È DOMINATO dal Tempio della Minerva, del I secolo. Gli fa da contorno la massiccia ed elegante Torre del Popolo, ultimata nel 1305.

THE CITY-CENTRE IS DOMINATED BY the Temple of Minerva (1st Century B.C.); by its side is the massive and elegant Peoples Tower, finished in 1305.

La Piazza del Comune si arricchisce anche del Palazzo dei Priori (secolo XIV), oggi sede municipale, con tre suggestivi edifici recanti sul muro antichi stemmi significativi dello scenario urbano.

The Common Square is also enriched by the Palace of the Priors (XIV century), today the seat of the Municipal Administration, along three period influenced buildings bearing on their ancient walls coats of arms.

DALL'ALTO DELLA ROCCA MAGGIORE, espressione della libertà comunale, si ammira un ampio panorama, suggestivo nel periodo invernale di riflessi d'oro e di stoppa.

FROM THE HEIGHTS OF THE ROCCA Maggiore, expressive of the communal freedom, one can admire a full panoramic view reflecting the wintertime hues of gold and flax.

ASSISI, "MUNICIPIUM" ROMANO, conserva ancora il foro e l'anfiteatro. Il "museo romano" contiene antichità etrusche e reperti romani.

THE "ROMAN MUNICIPALITY" OF ASSISI, still concerves the Forum and Amphitheatre. The "Roman Museum" contains ancient Etruscan and Roman findings.

Assisi, città medioevale, è chiusa entro otto porte. Giotto, in uno dei suoi affreschi, ce ne ha lasciato una viva e minuziosa descrizione.

Medieval Assisi is inclosed between eight gates. Giotto, in one of his frescoes, has left a lively and detailed description.

La fede cristiana, in Assisi, si incarna per merito del vescovo Rufino, martirizzato nei dintorni della città nel 238. A Lui è dedicato il Duomo, costruito nel secolo VIII e rifatto nel secolo XII, con accanto un grandioso campanile, edificato su una cisterna romana.

The Christian Faith was born in Assisi through the work of the Bishop Rufino, martyred in the city environs in 238. The Cathedral is dedicated to him, constructed in the VIII century and finished in the XII, with a large belltower built over a Roman cistern, next to it.

IMPONENTE E MERAVIGLIOSA LA facciata del Duomo, iniziata nel 1140 sotto la direzione dell'architetto Giovanni da Gubbio. I portali d'ingresso ed i rosoni sono espressione finissima del romanico umbro.

THE IMPOSING AND MOST MAGNIFICENT façade of the Cathedral, began in 1140 under the direction of the Architect, John of Gubbio. The entrances and the rose windows are the finest expressions of the Romanic period.

LA PRIMA FEDE CRISTIANA DEGLI assisani è conservata impressa in tanti oratori di una bellezza austera, nascosti in suggestivi angoli della città.
La chiesetta di "muro rupto" ne è un esempio.

THE EARLY CHRISTIAN FAITH OF THE Assisians is shown and expressed in the many small austure oratories, hidden in the many picturesque corners of the city. The small chapel of "St. James of the breached wall" is an example.

VARIE CAPPELLE, PICCOLE COSTRUZIONI di notevole valore ambientale e architettonico, sono ancora oggi oasi di pace e di grazia, luoghi in cui è possibile gustare il silenzio.

MANY CHAPELS, SMALL CONSTRUCTIONS of notable value and architectural ambience, are even today oases of peace and grace, places in which it is possible to taste the silence.

65

I MONACI BENEDETTINI HANNO disseminato il territorio di piccole cappelle. Tra esse, quella della Porziuncola assurgerà a fama mondiale.

THE BENEDICTINE MONKS DISEMINATED the territory with small chapels. Among these, that of the Portiuncola would be assured of world fame.

NELL'INVERNO TRA IL 1181 E 1182 nasce in questa stalletta Francesco, figlio di Pietro Bernardone e Madonna Pica.

[Pagina 70]
L'ADOLESCENZA E LA GIOVINEZZA DI Francesco ruotano attorno alla Rocca, simbolo del potere temporale.

IN THE WINTER OF 1182/1183 FRANCIS, son of Peter Bernardone and Lady Pica was born in a stable.

[Page 70]
THE YOUTH AND ADOLESCENCE OF Francis played out around the Rocca, symbol of temporal power.

Spring

Primavera
Spring

"Però' chi d'esso loco fa parola,
non dica Ascesi, che direbbe corto,
ma Oriente, se proprio dir vuole".
(Dante)

La serenità delle linee e la dolcezza dei colori emergono dai vicoli, dagli archi, dai saliscendi, dalle scalinate.

The serenity of its lines and the pleasantness of the colors show-up in the byways, the arches, the hills and public stairs.

CASA DEI COMACINI.
Queste maestranze hanno lasciato in Assisi l'impronta dell'arte e della bellezza.

THE HOUSE OF THE COMACINI, SHOWS the imprint of art and beauty left in Assisi by these masters.

I RAGGI BRILLANTI DI UN CIELO DI primavera, avvolti nel giallo del dopo diluvio, diventano riflessi d'oro sugli edifici assisani.
L'acqua, insieme alle fontane, è parte integrante della bellezza dell'abitato.

THE BRILLIANT RAYS OF A SPRING SKY, enveloping in the yellow lite of the after shower, reflecting golden on the assisian buildings.
The water, is an integral part of the beauty of the habitation, together with their fountains.

VARIE FONTANE ABBELLISCONO l'arredo urbano.
Tutte conservano ricordi storici, oltre ad essere veri capolavori d'arte.

IN UN GIOCO SUGGESTIVO LA VEDUTA di Santa Maria degli Angeli.

THE VARIOUS FOUNTAINS BEAUTIFY THE urban neighborhood.
All hold storied records, others bring showpieces of special art-work.

IN A COMPELLING CLEARANCE, THE sight of St. Mary of the Angels.

La gioia di vivere e l'opportunità dell'incontro tra persone, in una natura accogliente, sono propiziate dai giardini e dagli alberi disseminati in molti punti della città.

THE JOY OF LIFE AND THE OPPORTUNITY *of the encountering between peoples in a welcoming natural setting are propitious in the gardens and among the trees diseminated throughout the city.*

OGNI ANNO SI CELEBRA CON GRANDE solennità il Calendimaggio: una festa dell'inizio della primavera che ricorda le usanze di gioire nel passaggio della stagione.

EACH YEAR THERE'S THE CELEBRATION with great solemnity, the Kalendimaggio: a festival of the beginning of Spring that recalls the habitual enjoyment of the passage of the seasons.

La città si trasforma, rituffandosi indietro nel tempo.

The city transforms itself, and relives past times.

L'ALTRA GRANDE FIGLIA DI ASSISI È Chiara (1193-1253), nel cui nome è stata edificata questa Basilica, in perfetto stile gotico italiano, su disegno di Fra Filippo da Campello tra il 1257-1265.

THE OTHER GREAT CHILD OF ASSISI IS Claire (1193-1253) in whos name has been erected this Basilica, in perfect Italian/Gothic style, under the design of Bro. Philip Campello between 1257-1265.

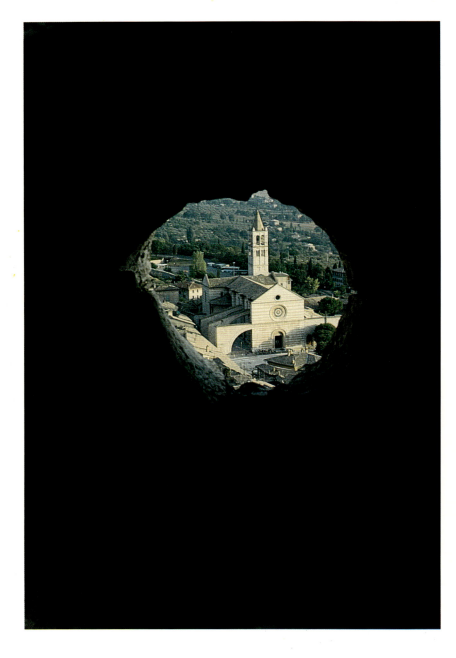

La bicromia di pietre rosa e bianche, alternate, costituisce un linguaggio di gradevole effetto visivo.

Constructed in a gradual, effective visual song in the two-fold color of pink and white stone.

La facciata, coi portali ed i rosoni, il campanile di stile romanico, gli archi rampanti... rendono affascinante l'insieme della piazza.

The façade, with the doors and rosewindows, the belltower of Roman style, and the flying butresses, render it harmonious from the piazza.

L'INTERNO DELLA BASILICA, AD UNA sola navata, è a croce latina.
Il centro dell'abside è dominato da una grande croce dipinta su tavola, attribuita a Giunta Pisano, del sec. XIII.
Il corpo della Santa è nella cripta.

TRA IL MONASTERO E LA BASILICA SI trova questa cappellina, in cui è rimasto sepolto per 4 anni San Francesco, e dove anche Santa Chiara fu deposta prima della erezione della chiesa in suo onore.

THE INTERIOR OF THE BASILICA, WITH one single name, is in the form of a latin cross. The centre of the apse is dominated by a large cross placed over the altar, it is attributed to Giunta Pisano of the XIII century.
The body of the Saint is in the crypt.

BETWEEN THE MONASTERY AND THE Basilica is found this small chapel, in which St. Francis remained buried for four years, and where also St. Claire was deposited first until the erection of the church in her honor.

ESTERNI DELLA CHIESA E DEL monastero, in cui regna sovrana la vita contemplativa.

OUTSIDE THE CHURCH AND THE monastery, in which reigns sovereign the contemplative life.

Tavola duecentesca del "Maestro di Santa Chiara", con la Santa attorniata da otto episodi salienti della sua vita.

Twelfth century pictures by "The Master of Saint Claire", surround the saint, depicting eight salient episodes of her life.

IMMAGINE DI SANTA CHIARA DI SIMONE Martini (affresco della basilica inferiore di San Francesco, cappella di San Martino, del 1317).

THE IMAGE OF SAINT CLAIRE BY SIMON Martini (Fresco from the Lower Basilica of Saint Francis, from the St. Martin Chapel from 1317).

FUORI LE MURA DI ASSISI
è San Damiano: la chiesetta restaurata
da Francesco, dopo aver ascoltato l'invito
del Signore a ripararla.
Qui Chiara, con le prime Clarisse,
è vissuta per 36 anni.

OUTSIDE THE WALLS OF ASSISI, THERE IS
St. Damiano: the little chapel restored
by Francis, after having heard the invitation
of the Lord to repaire it. Here Claire,
with the first Clarisines, lived here for thirty-
six years.

La luminosità dell'armonia del cortile interno.
La semplicità del piccolo refettorio.
La dolcezza del giardinetto, dove Francesco compose in forma unitaria il "Cantico delle Creature".

The luminosity of the harmony of the internal courtyeard.
The simplicty of the little refectory. The pleasantness of the little garden where Francis composed in a unitary form the "Canticle of the Creatures".

Il coro di Chiara e delle prime Clarisse.

L'interno, sobrio e austero, della chiesa di San Damiano, invitante al silenzio e alla preghiera.

The choir of Claire and of the first Clarisines.

The interior, sober and austere, of the Church of St. Damian, inviting to silence and to prayer.

Estate

Summer

"Non ho visto niente di piu' dolce della mia valle spoletana" (San Francesco).

"I HAVE NOT SEEN ANYTHING SO beautiful as my Spoletan Valley" (Saint Francis).

Nulla puo' esprimere la bellezza dell'atmosfera assisana in certe ore del giorno: la fissità degli scenari rende evidente la mirabile sintesi francescana tra Dio–l'uomo–la natura.

Nothing expresses more eloquently the beauty of the Assisian atmosphere in certain hours of the day: the fixity of the scenery renders evident the wonderful Franciscan Synthesis between God-man-nature.

AL CENTRO DELLA VALLE ASSISANA emerge la grandiosa Basilica di Santa Maria degli Angeli, costruita tra il 1569 ed il 1679, sormontata dalla bella cupola dell'Alessi.

AT THE CENTER OF THE VALLEY emerges the grandiose Basilica of St. Mary of the Angels, constructed between 1569 and 1679, and crowned with a beautiful dome by Alessi.

A FIANCO DELLA BASILICA SI ERGE UN BEL
campanile rinascimentale.

AL CENTRO DELLA CHIESA LA "CAPPELLA
della Porziuncola", tanto cara a
Francesco e ai primi compagni
per le grazie ricevute dal Signore.
Qui attorno morì la sera
del 3 ottobre 1226.

AT THE SIDE OF THE BASILICA IS
erected a beautiful Renaissance belltower.

IN THE CENTER OF THE CHURCH THE
"chapel of the Porziuncola", so dear to
Francis and the first compagnions for the
graces recieved from the Lord. About which,
Francis died the evening
of the 3 of October of 1226.

INTERNO DELLA PORZIUNCOLA, CON il polittico di Ilario da Viterbo, rappresentante l'Annunciazione ed alcuni episodi della vita di Francesco.

INSIDE THE PORZIUNCOLA, WITH THE polytypic of Hilary of Viterbo, representing the Annunciation and some episodes from the life of Francis.

ANDIRIVIENI A FIANCO DEL ROSETO.   *WALKING A THE SIDE OF THE Rosegarden.*

Attuale entrata del Convento. The actual entrance of the Monastery.

PRIMITIVO CONVENTO, CON ALCUNE celle di Frati.

THE FIRST CONVENT WITH SOME celles of the Brethren.

IMMERSO NELLA VEGETAZIONE BOSCHIVA del monte Subasio, è l'Eremo delle Carceri, dove Francesco e i primi compagni si ritiravano a pregare.

HIDDEN IN THE WOODED AREA OF Mount Subasio, is the Hermitage of the Carceri, where Francis and the first compagnions retired for prayer.

Il piccolo Convento è un'oasi di pace, di silenzio, di preghiera.

The small Convent is an oasis of peace, of silence, of prayer.

CHIESA DI SAN PIETRO, IN STILE romanico-gotico, con una elegante facciata ed un'originale cupola sopra il presbiterio rialzato.
Abitata dai Benedettini, conserva all'interno un'atmosfera di austerità e misticismo.

THE CHURCH OF ST. PETER, IN Roman/Gothic style, with an elegant façade and an original dome over the presbytry.
The Abbay of Benedictines conserves in the interior an atmosphere of austerity and mysticism.

123

ISCRIZIONI, STEMMI E SIMBOLI RELIGIOSI si ritrovano su moltissimi edifici di Assisi.

INSCRIPTIONS, COATS OF ARMS AND religious symbols find themselves upon many buildings of Assisi.

125

L'ARTIGIANATO È PARTE INTEGRANTE di Assisi. Lavori in ceramica ed in ferro battuto sono esposti in tutti i negozi.

CRAFTSMEN ARE AN INTEGRAL PART OF Assisi. Works in ceramics and in iron are in evidence in all of the shops.

127

LA PIETRA SEGNA LA CITTÀ DI ASSISI:
la sua rigida freddezza, che mette a nudo
il vivere quotidiano, è ancora oggi parte
di uno stile di vita incarnato nei secoli.

THE STONE SIGNS THE CITY OF ASSISI:
its rigid coldness, that lays bare the daily life,
and even today part of a style of life born over
the centuries.

Nei dintorni di Assisi, la "cappella della Maddalena" ricorda l'amore di Francesco per i lebbrosi.

Rivotorto, con il tugurio, è l'espressione della semplicità di vita della prima comunità di Frati, attorno a Francesco.

Around Assisi, the "Chapel of the Magdalene" records the love of Francis for the lepers.

Rivotorto, with the huts, is the expression of the simplicity of the life of the first community of brethren, around Francis.

131

Dentro le mura urbiche, sopra una zona di reperti romani sorge il Vescovado: qui Francesco rinunciò pubblicamente a tutti i suoi averi e qui riportò la pace tra il vescovo Guido ed il Podestà di Assisi.

Within the urban walls, above a zone showing old Roman civilization arises the Bishop's Palace: here Francis renounced publicly all his wealth, and here restored peace between the Bishop Guido and the Podestà of Assisi.

Fall

Autunno

Fall

"Qui, con San Francesco, qui siamo veramente alle porte del Paradiso…

"Here, with St. Francis, here we are truly at the gates of Paradise…

... Perché Iddio ha dato ad Assisi questo incanto di natura, questo splendore d'arte, questo fascino di santità, che è come sospeso nell'aria?...

...Why has God given to Assisi this inchanting nature, these splendors of art, these groupings of sanctity, that is as if suspended in the very air?...

... La risposta è facile. Perché gli uomini, attraverso un comune ed universale linguaggio, imparino a riconoscere il Creatore e a riconoscersi fratelli gli uni gli altri" (Giovanni XXIII, 4 ottobre 1962).

... *The response is easy. Because the men, commerce in a common and universal language, teaching one to acknowledge the Creator and to recognize one another as brothers." (John XXIII, 4 October 1962).*

EDIFICATO PER VOLERE DI PAPA Gregorio IX con l'apporto del Comune di Assisi e sotto la direzione di Frate Elia, il complesso basilicale di San Francesco, dalle linee sobrie e pulite, si compone di due chiese sovrapposte e di una cripta.

BUILT BY THE WISH OF POPE GREGORY IX with the support of the Comune of Assisi and under the direction of Brother Elias, the completed basilica of San Francis, sober and clean lines, is composed of two churches superimposed and of a crypt.

Il luogo della costruzione era chiamato "Colle dell'Inferno", ma con la presenza del corpo del Santo venne subito denominato "Colle del Paradiso".

The place of the construction was called "The Hill of Hell", but with the presence of the body of St. Francis, it came to be called the "Hill of Paradise".

L'ATTUALE CRIPTA, IN STILE neo-romanico, opera dell'arch. Ugo Tarchi, risale al 1932.

THE ACTUAL CRYPT IN NEO-ROMAN style, the work of the Architect Ugo Tarchi, redone in 1932.

La Chiesa inferiore (1228-1230), in stile romanico, decorata dai maggiori pittori del 1200 e 1300 (Cimabue, Giotto, i Lorenzetti, Simone Martini), corona attorno all'altare maggiore, squisita opera dei Maestri Comacini e Cosmateschi.

The Lower Church (1228-1230) in Romanesque Style, decorated by the major paintors of the 1200 and 1300 (Cimabue, Giotto, the Lorenzetti's, Simone Martini), centred about the high altar, following the work of the Comacini and Cosmatesque Masters.

FREGI DECORATIVI DELLA CHIESA inferiore si alternano armoniosamente alle pareti affrescate.

THE DECORATIVE LINES OF THE LOWER Church alternate harmoniously with the frescoed walls.

146

La Chiesa superiore (1230-1239), a una sola navata, in stile gotico, è impreziosita dagli affreschi di Giotto che illustrano la vita di San Francesco e da opere di Cimabue, Cavallini e Turriti. Una luce calda entra dalle stupende vetrate e dal rosone centrale.

The Upper Church (1230-1239), has one nave, in Gothic style and showing the frescoes of Giotto that illustrate the life of St. Francis, and also the works of Cimabue, Cavallini and Turriti.
Light enters from stupendous stainglass and a central rose windows.

FASCE DI COLONNE FORMANO, NELLA
Chiesa superiore, linee architettoniche
slanciate e gioiose.

*BANDED COLUMNS FORMING
architectonich, thin, and joyous dashes of color
in the Upper Church.*

A SINISTRA DELL'ALTARE, ADDOSSATO alle colonne, emerge il pulpito trecentesco opera di Niccolò da Bettona.

TO THE LEFT OF THE ALTAR, ATOP THE columns, emerges the pulpit from the 13th century, the worl of Niccolò da Bettona.

151

VELE CENTRALI DELLA CROCIERA DELLA Chiesa superiore, affrescate da Cimabue, con scene dei quattro Evangelisti.

IN THE CENTRAL VAULT OF THE NAVE OF the Upper Church, the Cimabue frescoes of the Four Evangelists.

CENTRO DELLA VOLTA DELLA NAVATA centrale della Chiesa superiore con affreschi della Scuola Romana: Cristo benedicente, la Madonna, S. Giovanni Battista, San Francesco.

IN THE CENTER OF THE VAULT OF THE *centre nave of the Upper Church with frescoes of the Roman School: Christ blessing, the Madonna, St. John Baptist and St. Francis.*

Sul monte della Verna, Francesco riceve il dono delle stimmate (Giotto, Basilica superiore).

Francesco predica Cristo davanti al Sultano d'Egitto (Giotto, Basilica superiore).

On Mount Verna, Francis receives the gift of the Stigmata (Giotto, Upper Church).

Francis preaching Christ before the Sultan of Egypt (Giotto, Upper Church).

FRANCESCO LIBERA LA CITTÀ DI AREZZO
dai demoni della discordia
(Giotto, Basilica superiore).

NELLA CHIESA DI SAN DAMIANO,
Francesco ascolta l'invito del Crocifisso a
riparare la Chiesa
(Giotto, Basilica superiore).

FRANCIS FREEING THE CITY OF AREZZO
from the Demons of discord
(Giotto, Upper Church).

IN THE CHURCH OF ST. DAMIAN,
Francis listens to the invite of the Cross to
repair the Church
(Giotto, Upper Church).

LEGGIO LIGNEO, CENTRO DEL CORO quattrocentesco di Domenico di Antonio Indovini.

ROSONE ALL'INTERNO DELLA CHIESA superiore.

WOODEN LECTERN, IN THE CENTRE OF the choir, from the fourteenth century, a work of Dominico Antonio Indovini.

AROUND THE ROSE WINDOW OF THE Upper Church.

La Chiesa superiore e quella inferiore contengono 28 stupende vetrate, molte delle quali eseguite su cartoni dei sommi maestri: Cimabue, Giotto, Simone Martini.

The Upper and Lower Churches contain 28 stupendous stain-glass stained glass windows, designe by the Masters: Cimabue, Giotto, Simon Martini.

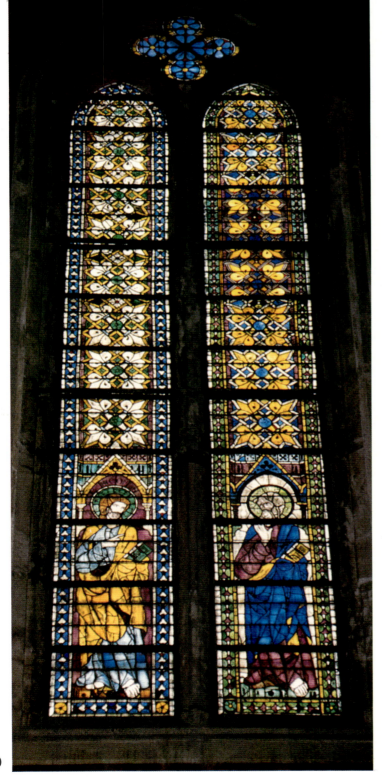
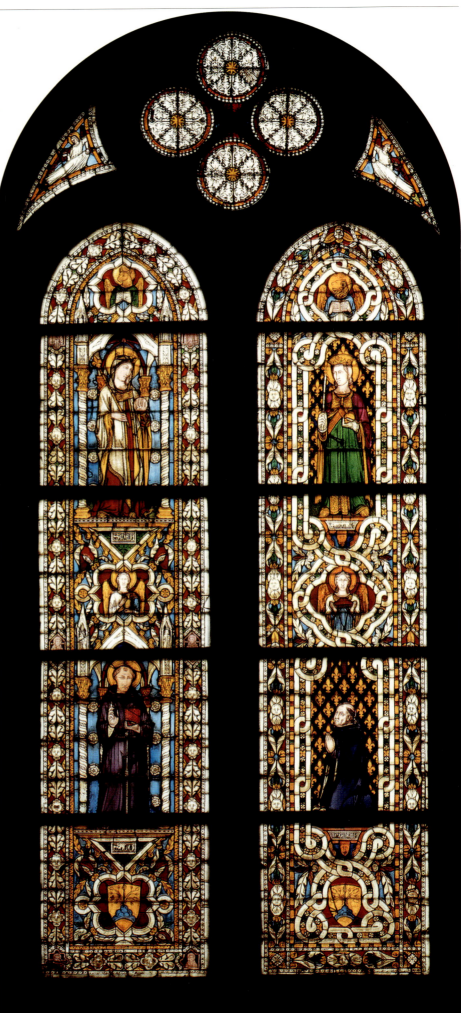

IL PORTALE DI ACCESSO ALLA CHIESA inferiore, ricco di ornati policromi in pietra e marmo, sormontato da un protiro rinascimentale, ha due porte lignee di Ugolinuccio da Gubbio (1550).

THE ENTRANCES TO THE LOWER Church, rich in ornate multi-colored stone and marble, surmounted by a renaissance porch, has two wooden doors the work of Ugolinuccio da Gubbio (1550).

162

INSIEME A STORIE TRATTE DALLA VITA di San Francesco, Santa Chiara, San Ludovico, Sant'Antonio, i portali della Chiesa inferiore hanno notevoli fregi che acquistano colori diversi secondo la luce.

TOGETHER WITH THE STORIES TREATING the life of St. Francis, St. Claire, St. Louis, St. Anthony, the doors of the Lower Church have notable panels that acwuire divers colors according to the light.

NEL TRANSETTO SINISTRO DELLA CHIESA inferiore, i fratelli Ambrogio e Pietro Lorenzetti hanno affrescato il ciclo della Passione.

IN THE LEFT TRANSEPT OF THE LOWER Church, the Lorenzetti Brothers, Pietro e Ambrogio, frescoed the cycle of the Passion.

PARTICOLARE DELLA GRANDE SCENA
della Crocifissione di Pietro Lorenzetti.

*PARTICULARLY, THE GRAND SCENE OF
the Crucifixion by Pietro Lorenzetti.*

PARTICOLARE DELLA CROCIFISSIONE DI Giotto nel transetto destro della Chiesa inferiore.

PARTICULARLY, THE CRUCIFIXION BY Giotto in the right transept of the Lower Church.

Attorno al 1320 Simone Martini ha dipinto un mirabile ciclo di affreschi nella cappella di San Martino, con scene della vita del Santo.

About 1320 Simon Martin dipicted an admirable cycle of frescoes in the Chapel of St. Martin, depicting scenes from the life of the Saint.

L'IMMAGINE DI SAN FRANCESCO NEI quattro grandi maestri: Cimabue, Giotto, Pietro Lorenzetti, Simone Martini.

THE INFLUENCE OF ST. FRANCIS IN THE *four great masters: Cimabue, Giotto, Pietro Lorenzetti, Simone Martini.*

SOTTO UN CIELO TRASPARENTE, TUTTO è armonia in Assisi: natura e arte, torri e chiese, alberi e pendii, colline e campi.

UNDER A TRANSPARENT SKY, ALL IS *harmonized in Assisi: nature and art, towers and churches, trees and shrubs, hills and fiels.*

FRONTI DEL SACRO CONVENTO: un maestoso edificio che si estende sul pendio collinare e che si presenta, a chi viene da Perugia, come una fortezza.

FACES OF THE SACRO CONVENTO: A masterful building that extends itself on the edge of the hill, and looks for those coming from the direction of Perugia, like a fortress.

SUGGESTIVE VEDUTE, SIA DIURNE CHE notturne, dell'ala Albornoz del Convento. I tramonti autunnali, dai colori rossi–violacei–gialli, formano una composizione che sembra uscire da una tavolozza d'argento con frange di smalto violetto.

ENCHANTING SCENE, WHEATHER DAY OR nite, of the Sacro Convento.
The autumnal colors of rosy-purple, yellows, form a composition that seem to be out of a tableau of gold with fringes of violet.

Il porticato ("calzo") del Sacro Convento, fine sec. XIII, è in perfetta bicromia di pietra bianca e rosa del Subasio. La fuga di archi scandisce un suggestivo ritmo gotico.

The portico of the Sacro Convento, from the end of the Thirteenth century, is in perfect two-toned stones of white and pink from Subasio.
The motion of the arches presents an enchanting Gothic rhythm.

La Sala del Capitolo, o Cappella delle Reliquie, contiene molti oggetti appartenuti a Francesco.

The Chapter Hall, or the Chapel of Relics, contains many objects associated with St. Francis.

PRIMITIVO CONVENTO DI FRATE ELIA.
La pietra invita alla semplicità
e al raccoglimento.
Tutto è ridotto all'essenziale.

THE PRIMITIVE CONVENT OF BROTHER
Elias. The stones address the simplicity and
the welcome. All reduced to the bare
essentials.

181

IL CHIOSTRO DI SISTO IV, IN STILE gotico–rinascimentale, posto dietro l'abside del complesso basilicale funge da collegamento con il Convento dei Frati.

THE CLOISTER OF SIXTUS IV, IN Gothic-Renaissance style, a place just behind the aps of the basilical serves as a meeting place with the Convent of the Friars.

ANGOLO INTERNO DEL CONVENTO.   A CORNER WITHIN THE CONVENTO.

ATTUALE REFETTORIO DEI FRATI, lungo 60 metri e largo 12. Trasformato nel settecento, con medaglioni rappresentanti alcuni Pontefici, è dominato da una tela dell'Ultima Cena del Solimena.

PRESENT REFECTORY OF THE FRIARS, lenght 60 m and width 12 m. Redone in the 18th century, with medallions representing various Popes, and dominated by a work of the Last Supper by Solimena.

CIMITERO DEI FRATI: piccolo chiostro dei morti, a due logge sovrapposte, del sec. XIV, regno di pace e di umiltà.

THE FRIAR'S CEMITERY, A SMALL cloister, has two logges superimposed, from the XIV century, peace and humility reign.

BIBLIOTECA DEL SACRO CONVENTO, dove la storia e la memoria si fondono insieme per tramandare insegnamenti e saggezza. Circa centomila volumi, a partire dal secolo XII, scandiscono il cammino della vita ecclesiale e francescana della città di Assisi.

LIBRARY OF THE SACRO CONVENTO, where the story and the memory are found together with the demands and teachings, and wisdom. There are about 100.000 volumns, from the XII, detailing the way of life in the Church and Franciscanism in the city of Assisi.

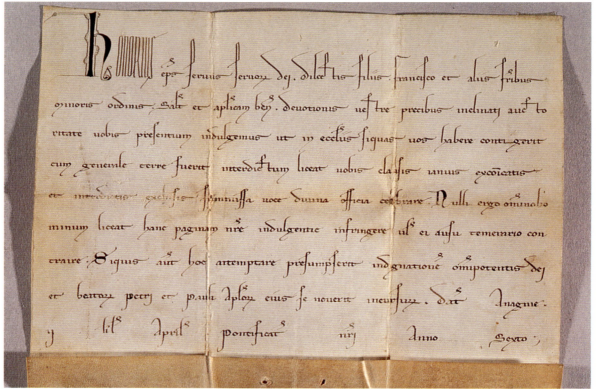

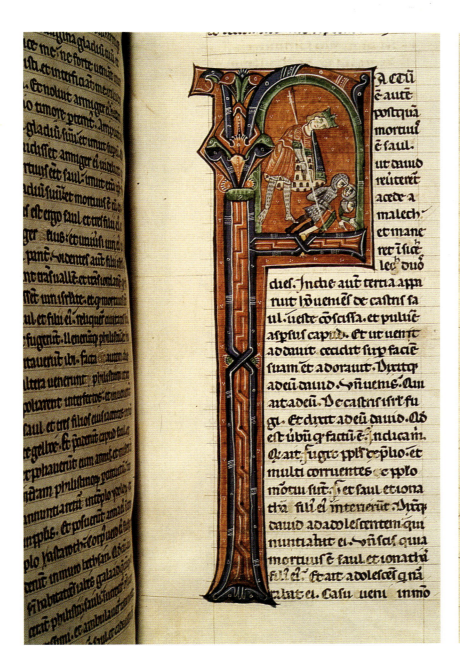

FRANCESCO AMAVA RIPETERE AI SUOI Frati: "... e chiunque verrà a voi, amico o nemico, sia accolto come fratello".

FRANCIS LOVED TO REPEAT TO THE brethren: "... and if you should anyone, friend or enemy, he must be made welcome as a brother".

ASSISI
Crocevia di popoli

ASSISI
Crossroads of Peoples

Capi Indiani d'America per la giornata di preghiera per la pace.
Native American Chiefs for a day of prayer for peace.

Rappresentanti delle Chiese Ortodosse in visita fraterna.
A fraternal visit by representatives of the Orthodox Church.

Ebrei, musulmani, cattolici e buddisti a confronto su temi ecologici.
Discussion of ecological themes by Jews, Muslims, Catholics and Buddists.

Mons. Helder Camara e l'Abbé Pierre.
Dom Helder Camara and Abbot Pierre.

Madre Teresa di Calcutta.
Mother Teresa of Calcutta.

Lech Walesa.
President Lech Walesa.

L'abate supremo del Tempio di Kozanji, Kyoto.
The Supreme Abbot of the Temple of Kozanji, Kyoto, Japan.

Induisti e buddisti, alla ricerca di un dialogo interreligioso.
Hindu and Buddist seeking an interreligious dialogue.

Helmut Kohl.
Chancellor Helmut Kohl.

Carlo d'Inghilterra.
Prince Charles of England.

Filippo di Edimburgo.
Prince Philip of Edimbourgh.

La ripresa del dialogo: gli ambasciatori URSS e USA in Assisi.
The return to dialogue: the Ambassadors of the U.S.S.R. and the U.S.A.

Gemellaggio tra Assisi e Betlemme.
The twinning of cities between Assisi and Bethlehem.

Enrico Berlinguer.
Enrico Berlinguer.

Yasser Arafat.
Yasser Arafat.

Francesco Cossiga.
Francesco Cossiga.

Baldovino e Fabiola.
King Vaudoin and Fabiola of Belgium.

Bettino Craxi.
Bettino Craxi.

Il principe ereditario del Giappone.
Hironomo Naruhito.

I vescovi del Sud-Africa.
The South African Bishops.

Le marce della pace Perugia-Assisi.
March for Peace from Perugia to Assisi.

La giornata di preghiera per la pace del 27 ottobre 1986.
Day of Prayer for Peace – October 27, 1986.

Giovanni Paolo II in preghiera alla Tomba di San Francesco.
Pope John Paul II in prayer at the Tomb of St. Francis.

INDICE / *INDEX*

PRESENTAZIONE / *FOREWORD*
    L'Editore / *Publisher* 5
    Il Sindaco di Assisi / *The Major of Assisi* 6/7

LA CITTÀ POSTA SUL MONTE / *CITY ON A HILLTOP*,
    p. Nicola Giandomenico 9/20
UN PAESAGGIO PER VIVERE / *LIVING LANDSCAPE*,
    Carla Tomasini Pietramellara, Alberto Arrighini 31/38

LE STAGIONI / *THE SEASONS*
    Inverno / *Winter* 43
    Primavera / *Spring* 71
    Estate / *Summer* 105
    Autunno / *Fall* 133

ASSISI: CROCEVIA DI POPOLI / *CROSSROADS OF PEOPLES* 191

Stampato presso
GIUNTI INDUSTRIE GRAFICHE S.p.A.
Stabilimento di Prato, luglio 1992